JAINISM: A STUDY

(Āchārya Chandanā Felicitation Volume)

Editor
Ram Mohan Das

Kaveri Books
New Delhi - 110 002

Title: Jainism: A Study (Āchārya Chandanā Felicitation Volume)
Editor: Ram Mohan Das

First Published 2000
Edition 2025

ISBN-10: 81-7479-041-1
ISBN-13: 978-81-7479-041-5

Price: Rs. 700.00

Published by
Kaveri Books
4832/24, Ansari Road
New Delhi-110002 (India)
Tel: 011- 47072321
E-mail : info@kaveribooks.com
kaveribooks@gmail.com
Website: www.kaveribooks.com

PRINTED IN INDIA

He-Woman and Iron-Lady

ĀCHĀRYA CHANDANĀ

The brightest luminary of the spiritual firmament of Jainism

and

The first lady Āchārya of the Jain Order

"अस्याः सर्गविधौ प्रजापतिरभूच्चन्द्रो नु कान्तिप्रद :

श्रृंगारैकरसः स्वयं तु मदनो मासस्त् पुष्पाकरः।

वेदाम्यासजडः कथं नु विषयव्यावृत्तकौतूहलः

निर्मातुं प्रमवेन्मनोहरमिदं रूपं पुराणो विधिः ॥

श्रीचन्दनाष्टकम्

गतिवति बहुकाले जैनधर्मे विरूपे
निखिल.जगति व्याप्तं रागद्वेषान्धकारम्
निजप्रखर प्रभाभिः नाशयन्ती सुजाता
सकलजनमनोज्ञा भास्वरा ज्ञानरश्मिः ।। १ ।।

अमरमुनि सुशिष्या जैनसंघप्रधाना
मलयज गुणशीला चन्दनानामधेया।
सकलजनसमाजे दह्यमाने त्रितापैः
जलभरभ्ररिताम्भोवर्षिनीलाभमाला ।। २ ।।

अमलधवलवस्त्रा पूत-चारित्र्यमूर्तिः
सदयहृदयराज्ञी सर्वदा स्मेरमुद्रा।
वदनविमलकान्तिं वीक्ष्य भक्तः चकोरः
भवति विगततृष्णः लब्धदिव्यानुभूतिः ।। ३ ।।

मनसि वचसि काये सर्वथैवैकरूपा
सकलजनमनांसि सर्वदा प्रीणयन्ती ।
परदुःखपरमाणुं पर्वतं मन्यमाना
सततहरणशीला सर्वथाऽनन्यचित्ता ।। ४ ।।

बहुजनहितचिन्ता खिद्यमाना परार्थे
सकलविकलसेवापूतकार्ये निमग्ना।
विचरति नहि चिन्ता स्वात्ममोक्षादिलाभे
परहितनिरता सा त्यक्तस्वार्थावबोधा ।। ५ ।।

प्रकटितपरप्रेमा निःस्पृहाऽताम्रचक्षुः
शमित विकृतिवाता यत्र नान्तर्बहिश्च।
निहत–निखिल मोहा दग्धकोपादिदोषा
गलिततिमिरमाला शुभ्रतेजःप्रकाशा ।। ६ ।।

दुरितदहनदक्षा पादपद्माश्रितानां
परिहितकरणाय प्राणप्रच्छेदप्रीतिः।
धवलकमलशोभा ज्ञानपुञ्जस्वरूपा
प्रणतमवतु मां सा मानसी राजहंसी ।। ७ ।।

गहनतिमिरपूर्णा मोहवश्या मतिर्मे
सकलगुणसमष्टिः तेऽतिशायि स्वरूपम्।
तदपि तव पदाब्जेऽनन्यभक्तिर्बलान्मां
विवशयति प्रदातुं शब्दपुष्पोपहारम् ।। ८।।

छन्द : अनुष्टुप्

चन्दनाष्टकमिदं पुण्यं भावश्रद्धासमन्वितम्।
ये पठन्ति नरा भक्त्या, तेषां सर्वत्र मंगल्म ॥

"Editor"

O My Mother Divine

Thou be mine

I be Thine

So do I pine

त्वदीयां रचनां मातस्तुम्यमेव समर्पये।

"Editor"

Editorial

Hinduism, Buddhism and Jainism together constitute the cultural heritage of India. Buddhism has disappeared from the land of its birth but Jainism is firmly rooted in the soil of India. Language and literature, religion and philosophy, fine arts and science, history and culture of India have greatly benefitted from the contributions made by Jainism.

In the light of modern researches there is consensus that Jainism is one of the oldest living religions of the world. The Mohen-jo-daro culture, the Vedic literature and the pre-Mahaveer period exhibit remarkable traces of the existence of Jainism in India.

Jainism is not only a religion but also a spiritual philosophy capable of enlightening human life both internally as well as externally. It is certain that if rightly studied, understood, practised and preached, Jainism shall make men and women better and turn the world into paradise where peace, prosperity, goodwill, tolerance and universal brotherhood would reign supreme.

The basic tenets of Jainism can well be epitomized in three great principles of *ahimsā* (non-violence), *aparigraha* (non-possession) and *anekānta* (non-absolutism). All other concepts such as truth, non-stealing, celebacy, charity, service, *saṁvibhāga* (equal distribution of wealth) and equality etc. come within the fold of these three.

Non-Violence

Mahaveer regards *ahimsā* as a goddess. It internally impels man's soul to treat other living beings of the world as his own and behave towards them in a friendly and brotherly way. As man's own existence and happiness are dear to him so are they to other living beings also. This is the basic concept of non-violence. It shatters the wall of difference erected on the base of 'self' and 'non-self', hatred and enmity. It sees unity and equality among all the living beings. Mahaveer says, "There is one uniform soul. All the differences like caste, family, society, nation and sex are outwardly imposed and unreal. There exists no difference in the original form of the soul. So there arises no question of struggle and conflict among the human beings." Today the concept of universal brotherhood is rising in the mind of the wise and enlightened persons; only non-violence can give it a concrete form.

All the destructive perversions of human mind such as enmity, malice, envy, anger, ego, arrogance, greed, exploitation etc. are the different forms of violence. Human mind since long is ceaselessly being the victim of the above forms of violence. He has ever been making efforts for their remedy but the remedy aggravates the malady. The fact is that man wants to remedy enmity by enmity and violence by violence. But this is like extinguishing fire by fire and washing blood stained cloth by blood. Such remedies give birth to war, conflict and crucification. Crores of people became victims of terrible atrocities and disasters and were brutally murdered but the problem remained unsolved. Unfailing remedy of violence is non-violence, of hatred love, of fire water. So Mahaveer says, "Conquer anger by forgiveness, ego by humility, arrogance by modesty, greed by generosity, fear by courage and hatred by love." He further says, "Enmity, hatred, suppression and oppression finally came back to the doer himself, as an action done never goes in vain. Other beings and you are not different. He, whom you torture is none but you. If you torture another being, in fact, you are torturing your own self." On this point his statement is recorded in the *Achārāṅgasūtra* :

"He whom you want to kill is you.

He whom you want to rule is you.

He whom you want to torture is you."

Non-violence was not only a concept but by practising it in his own life Mahaveer proved its cent percent practicability. He established unity between the theory of non-violence and its practice. Even towards his greatest opponents he had no hatred, no malice, rather he had kind feeling of welfare towards them. His eyes were filled with compassion even for Sangama who had been inflicting terrible atrocities on him in his former births also, Mahaveer says, "I have friendship with all living beings. I have no enmity with anybody."

Mahaveer's non-violence had reached such a height that inborn enemies like lion and deer, mongoose and serpent sat together in his *Samavaśaraṇa*. A hog-deer sucked the breast of a lioness and the cub of a lioness sucked that of a deer. When the feeling of non-violence awakeṇs in the life of a *sādhka*, then in his presence even *inborṇ* enemies give up their enmity and begin to bathe themselves in the pure stream of love.

The principle of *ahimsā* recognizes that every individual, irrespective of his caste, colour and creed has a dignity of his own. No man should be looked down upon and deprived of availing himself of opportunities of advancement. The deeper significance of *ahimsā* consists in the elimination of war which has been harassing mankind since the dawn of civilization. Easing of tension and cessation of conflicts among nations, maintenance of universal peace and promotion of human welfare can be effected only by suffusing world's atmosphere with the spirit of *ahimsā*. The virtues of truth, non-stealing, continence and non-possession are just the extensions of *ahimsā*.

One thing is worth noting. The principle of *ahimsā* does not prevent even the followers of Jainism from performing their duty when the war-situation faces them. Jains held high posts in the army and when the situation so demanded took active part in the wars. History of Rajasthan is full of such instances. *Ṛṣabhadeva*, the first *tīrthaṅkara* had recommended *asi* (war), *kṛṣi* (agriculture) and *maṣī* (writing). Even Mahaveer recommends war if it is waged for the noble cause of averting greater blood-shed and disaster. No other religion of the world has worked out the principle of *ahimsā* in its such minutest details.

Non-Possession (*Aparigraha*)

In Jainism non-possession receives as much importance as non-violence. In his discourses whenever Mahaveer prohibits violence he prohibits possession, as it is for possession that violence is committed. So non-possession is the complementary *Sadhanā* of non-violence.

Wealth, house, clothes, family and one's own body, all these are possessions. But totally discarding them one can not survive. So one can say that practising non-possession is not possible and so to teach it is meaningless. Mahaveer meets this problem from the point of view of *anekāṅta*. He says, "worldly possessions are both, possessions as well as not possessions. Virtual possession is the attitude, the impure condition of the mind of living beings. So when it feels attachment and sense of ownness in them, then alone they are possessions; otherwise they are not so. It means that possession does not lie in things but in the lust for them, simply having a thing is one thing and possessing it is another thing. Having a thing means to take a thing in proper quantity for the fulfilment of proper needs. Possession, on the other hand, means to collect and hoard things without any consideration of their being proper or improper and use them in wrong, wanton and unsocial ways. Even in the absence of a thing, if there is wanton desire based on lust, then also it amounts to possession. A *sādhaka* wayfarer on the path of austerity free from the attitude of ownness even sitting on the heap of silver and gold in free from possession. In this way Mahaveer shattering the irrational definition of possession gives it an enlightened and positive and practical definition.

Thus the true meaning of non-possession is freedom from desire which in itself is freedom from the world. So Mahaveer first of all preaches to have control over desire. A *sādhaka* who conquers his desires, proceeds ahead on the path of perfect non-possession. But this is possible only in a true *sādhanā* of the path of renunciation. So to make non-possession feasible in the social field Mahaveer defines it in a way that suits the householder also. He says that for a social living being perfect freedom from desires is not possible, so he can start reducing desires gradually by limiting them; even then he can be a *Sādhaka* of non-possession.

Desires are limitless; as you satisfy them they go on increasing. If desires are limited worries and troubles shall be lessened. To control one's desires Mahaveer has taught the 'vow of limiting the scope of desires' (*bhogopabhoga-parimaṇavṛata*). This is the social form of non-possession. Even multimillionaires and kings can keep their mind peaceful and happy by limiting their desires. Even common people who have no sufficient means to satisfy their limitless desires, even fulfilling their proper and socially desirable needs can by means of this vow control their limitless desires.

Limiting the desires is a way of giving up the idea of ownership. When Ananda, a multimillionaire of Vaishali, came before Mahaveer to take the vow of limiting desires the latter said, "You limit your needs and do not feel ownership on your vast wealth beyond a limit."

This way of giving up ownership proved successful in remedying the unrestrained disparity existing in the society on the basis of wealth and property. When a man withdraws his ownership from the wealth hoarded by him, it becomes available for the use of the society and the nation and thus an innate socialistic process spontaneously starts.

Man is a pleasure-loving being and so he remains entangled in the mesh of illusions of various kinds of enjoyment. This tendency is the root of all miseries. It is for pleasure's sake that a man hoards wealth and accumulates property. So until this tendency is subdued, freedom from the lust for possession is not possible.

It is true that human life cannot be totally immune from the enjoyment of pleasures. So Mahaveer does not recommend man's freedom from essential enjoyment of pleasures but only from unlimited ones. Enjoyment is the root of possession, so as soon as the tendency of enjoyment is put within limits of proper needs, the possession, of its own accord, becomes limited. And thus non-possession results.

For non-possession Mahaveer prescribes another vow of limiting direction and field of activities' (*diśāparimāṇavrata*). The aim of this vow also is to keep the human society free from improper commercial, royal and other exploiting attacks. In today's proclamation of universal welfare for the establishment of exploitation-free society. Mahaveer's voice is resonant.

Remedy of the wealth hoarded from before is its proper distribution. Charity is the utilization of the available resources in public welfare. Concept of charity is the greatest contribution of India to the total humanity. But in it some perversions had crept in. So Mahaveer introduced certain amendments in it. He saw that while giving alms men desired fame, greatness, heaven and favour of gods. Such a charity encouraged proverty in the society and gave philip to the ego of the benefactor. Mahaveer said that simply giving alms is not true charity but true charity lies in dividing one's wealth with a view to public welfare and then giving it to the poor and the needy. It is true charity when the benefactor without any feeling of ego or material allurement performs charity with innate and pious intention. Mahaveer's earnest proclamation is that one who shares his property with others (*saṁvibhāgī*) gets liberation.

Mahaveer saw that the root of possession lies deep in man's mind. In his eyes the cause of mental vanity and attachment is possession. He clearly says that the whole human race of the world is one and have one soul. So none is superior or inferior; all the social and sectarian divisions are the creation of perverted mind.

To sum up non-possession is :

1. Control of desires
2. Abandonment of ownership over socially useful resources.
3. Establishment of exploitation-free society.
4. Sharing of resources with desire-free mind for the welfare of the people.
5. Spiritual piety.

Non-absolutism *(Anekāntavāda)*

In the intellectual field Jainism adopts *anekāntavāda.* It is neither doubt nor compromise. It means that truth is multidimensional and so one must be tolerant enough to understand the point of view of others.

Jainism gives as much importance to *anekāntavāda* as to non-violence and non-possession. *Anekānta* is not only a philosophy but also an unanimously accepted characteristics of life. In non-violence and non-possession also the viewpoint of *anekānta* has been utilized. Non-violence and non-possession devoid of *anekānta* were not possible. Every thing, every existence, every situation and every thought possesses infinite attributes, has different aspects and different dimensions. If we take any decision without considering all of them then the true nature of the thing is not revealed. Before starting to think over the nature of a thing we should examine its every aspect in terms of 'is' or 'is not'. Then alone we shall be able to know its true nature. In respect of non-violence and non-possession also this is applicable. It is true that non-violence and non-possession preached by Mahaveer are based on *anekānta*.

Mahaveer totally prohibits violence for a *sādhaka*. But in course of doing the work of public welfare and even leading the life of desirelessness, some times owing to any situation, violence to any living being is unknowingly committed. Mahaveer does not insist on total abstension from violence. Though accepting it is theory as violence he regards it outside the field of actual violence. In his truth-finding point of view of non-violence, the external violence is not actual violence but internal attitude based on attachment and malice is the actual violence. This is Mahaveer's *anekānta*-based thinking about non-violence.

On the point of possession and non-possession also Mahaveer is quite liberal and clear though while enumerating possession, he includes external things like clothes, utensils, food, house etc. and even body in the list of possession, yet when the question of actual possession arises then he gives an independent and liberal interpretation to possession. Mahaveer is not a materialist but a sentimentalist, so his theory of non-possession is not entangled in the external things. He clearly proclaims that a thing in itself is not possession but attachment, mineness, to it is the real possession.

Thus in every field of life Mahaveer proceeds with 'yes' or 'no'. His answer always is in the form of 'is' or 'is not'.

Mahaveer categorically says to his disciple, "Truth is endless. One having a limited knowledge can know its one aspect only. Even who has seen the truth in its totality cannot fully describe the known truth." Thus none can claim to know and describe the truth in all its forms. The total truth can neither be seen nor described at one stretch. Then to claim that one's own concept and statement are perfect and true and there others false, is really doing injustice to the truth.

The point can be well understood on the basis of another example. Suppose mountaineers climb the Himalaya from different sides and take its photograph from their own side. It is definite that these photographs shall mutually differ and even look contrary to one another. If anybody says that only the photograph taken by him is true then what shall be the result ?

In fact all the photographs are unilateral, presenting only a partial image of the Himalaya. But we cannot call them untrue. If all of them are put together in order, the complete picture of the Himalaya shall emerge.

This point is true in respect of all the truths of the world. On the basis of unilateral view of a truth views of others are not to be condemned. We should attempt to establish co-ordination among contrary looking views. Declaring others as false and regarding himself as true is nothing but blind ego full of ignorance and arrogance. Mahaveer says, "In order to understand the whole truth look at all the parts of the truth and then only according to the necessity (*apeksa*), speak about it."

Thus we see that *anekāntavāda* is the doctrine of open mindedness. It is based on the conviction that a thing is constituted of diverse aspects and its proper understanding requires consideration of its as many aspects as possible. Comprehension of a thing from different points of view develops in us a catholic outlook which is necessary for peaceful co-existence. By virtue of this doctrine Jainism has been able to appreciate the view-points of others in the field of philosophy. It denies the one-sided obstinate approach to a thing which is at the root of dissensions. Open mindedness fosters magnanimity and balance of mind.

Thus *anekāntavāda* supplies us the necessary basis for easing international tension and developing the attitude of intellectual honesty in an individual.

During my two and a half years stay at Veerayatan (Rajgir) I studied Jain *Āgamas* and the writings of Upadhyaya Amar Muni. This illuminated in my heart an element of great reverence for Jainism, particularly for Mahaveer. I was looking forward for an occasion to give it a concrete form and present it before the world in its true form. The occasion came. When I went to Almora and there the unflinching *Sārasvata Sādhanā* of my second son, Dr. C. M. Agrawal, M.A., Ph.D., D.Litt.. Reader in History, Kumaun University, Campus, Almora, acted as the catalytic agent. Despite my pretty old age, I started off this laborious work, "Jainism : A Study".

I shall consider myself fully rewarded if the present work awakens new interest in the study of Jainism. While I am aware of my shortcomings, I shall highly appreciate constructive criticism from careful and conscientious readers:

आपरितोषाद् विदुषां न साधु मन्ये प्रयोगविज्ञानम्।
बलवदपि शिक्षितानामात्मन्यप्रत्ययं चेत : ॥

I am deeply indebted to all those who are pioneers in the field of Jainological studies. Their works have shown me the path to be followed in this difficult task.

I have no words to record my thankfulness to my beloved contributors who immediately responded to the feeble call of this indigent old man and contributed their learned papers to this volume, making it a success. I hope and trust that in future also they shall be ever helping me in this *Jñānayajña*.

In the end my thanks go to Rakesh Goel, the proprietor of Kaveri Books with whose good will and active co-operation the present volume could be published in such a short time.

316, A. P. Colony **R.M. Das**
Gaya

Contents

industrial and other advancements added to the wealth and income of the people, but these advantages were not shared equitably by the people. Despite material progress and prosperity, we find persons suffering from discontent and poverty. While on the one side there were kings, nobles, rich merchants, money lenders and industrialists etc. amassing huge wealth and rolling in luxuries, there were on the other side, poor peasants, slaves and hired labours, leading a miserable life.

The number of wealthy persons seems to be limited. At the top were the kings and monarchs who led a rich and luxurious life. Their palaces were magnificent, well-decorated and studded with various kinds of gems and jewels. They contained all the material possessions for worldly enjoyment. An important part of royal pomp was the kings' *harem* (*antaḥpura*) where a large number of young girls and women were kept and maintained for the pleasure of the king. The kings were fond of enriching their *harems* with beautiful women and girls without any consideration of their caste or family background. The *Bṛhat Kalpa Bhāsya* narrates that about five hundred girls of a town, who had gone out to worship Lord Indra in a festival, were taken away to the *harem* by the order of prince Hema Kumar, who was attracted to see them. On receiving complaints from the parents of the girls, the king managed to please them by marrying the girls to the prince.[2] The *harem* comprising of queens, dancing girls and other women was an object of royal pomp and prestige and as such, was carefully guarded. A large number of attendants, servants, personal bodyguards (*Śirorakṣa*)[3] and artists were employed to serve and please the members of the royal family. In the texts vivid description of the royal life shows the pomp and luxury enjoyed by the kings and princes of the time.

Next came rich merchants, traders, carvan leaders and agriculturists and so on who amassed huge wealth from agriculture, trade and business. The texts refer to a number of agricultural and business magnates who led a highly luxurious life. *Upāsakad asāṅga* mentions ten such *gāthāpatis* who commanded huge wealth which was used for triple purpose of consumption, investment and hoarding. One of the *gāthāpatis* was Ananda of Vaniyagama who had twelve crores of '*hiraṇṇa*' (gold coins) as his wealth.[4] Another *gāthāpati*, Kamadeo of Champa possessed 18 crores of *hiraṇṇa*.[5] *Gāthāpati* Saddalaputta of Polasapura invested one crore *hiraṇṇa,* in his business of manufacture of earthenwares, kept one crore as reserve and utilised about a crore over his necessities and luxuries.[6] The texts describe that these *gāthāpatis* along with their friends and relatives commanded huge wealth, name and fame in the society.[7] They possessed almost all the articles of material pleasure e.g. artistic buildings, gold and jewellery, chariots, cattle and other animals, slaves—male and female, food-materials of all kinds and so on. We also find traders and *sārthavāhas* like Dhanya[8], Arahannaka[9] and Makandi[10] transacting big business and amassing huge profit and wealth.

On the other hand the depiction of the condition of slaves, hired labours, small traders and peasants, etc. shows the poor economic condition of the general people. The slaves were fully at the disposal of their masters. They had to work hard in the homes and fields of their masters. They were not treated well and led a very miserable life. Similar was the economic condition of the hired labour, who had to struggle hard to eke out their livelihood. There is a mention of *Oḍariya* type of '*sattha*' who formed caravans of job-seekers wandering from one place to another in search of livlihood.[11] *Bhayagas* (labourers) in a large number worked at the command of their employers. They were paid both in cash and in kind. They generally lived hand to mouth and had not enough money to meet their essential requirements.

The small traders and peasants were also not financially sound. They had to look to *śreṣṭhis* and *vaniyās* for advance of loans at the time of necessity. We find big *Sārthavāhas* like

'*Dhanya*' announcing assistance of money to traders accompanying his *sārtha* (caravan of trade). Loans by *vaṇikas* were advanced for consumption purposes also which shows poor economic condition of a section of the society.

From the above descriptions given in the Jaina canonial texts we can safely conclude that while on the one side there was opulence and affluence in the society, on the other side there was dearth and poverty among the masses. It can be well said that the distribution of wealth and income in the society was not equitable so as to make every citizen live in comfort, free from economic worries.

The preachings of Lord Mahaveer had good effect on wealthy persons and we find a good number of kings, princes and *śreṣthis*, *śrāvakas*, etc. renouncing the worldly pleasures and practising austerity. Lord Mahaveer advocated five '*aṇuvratas*' vows for the general people i.e. for non-ascetics. The five *aṇuvratas* are '*ahiṃsā*', *satya*, *asteya*, *brahmacharya* and *aparigraha*[12]. According to the fifth vow, *aparigraha* (non-possession) a person should limit his possessions and use of worldly things to the minimum. He should gradually go on renouncing material things like property, gold and jewel, clothes, conveyance and so on. We find Ananda *Gāthāpati* going to lord Mahaveer and taking a vow to limit his consumptions in respect of money, cattle, conveyances, clothes, cosmetics, ornaments, food, drink etc.[13] There are many references to persons limiting their needs and renouncing the worldly pleasures as a step to achieve *moksha* (salvation). The principle of *aparigraha* (non-possession) enunciated in Jaina canonical texts directs people to remain contented with a limited number of articles of consumption. It also means a voluntary giving up of surplus money and articles in favour of needy persons. If the principle of *aparigraha* is followed by a large number of people, the lust for money would go and there would be no concentration of wealth in a few hands; rather the wealth would be widely distributed making the distribution just and equitable. The above principle of *aparigraha* is a variant of socialism, voluntary socialism. Such a principle that advocates self-denial and inspires people to distribute their wealth among others is a greatly improved form of social welfare. This shows that the society during the period was free from the painful tension which we find the modern society suffering from. This variant of socialism—voluntary socialism needs to be advocated even today. With the spiritual background the people of the country, should be encouraged to follow it.

Dānā (charity) is advocated in the texts as a religions etc.[14] The economic importance of *dāṇa* is very significant inasmuch as it is a transfer of money and material from the rich to the poor. Charity done on a wide scale, helps in removing the gulf between the rich and the poor and minimizes the social tension as well as human sufferings. The religious preachers in ancient India rightly understood the economic significance of *dana* and advocated it on religious ground. The compassion shown to the needy produced a salutary effect on the social order and the rich were able to lead a peaceful life by parting away a portion of their wealth. We find *daānaśālas* (charity houses) at different places where the needy were given money, food and commodities according to their needs. Such charity houses were known as *kimicchae*[15] which meant "what you want". This shows that the charity houses in those days worked in a big way so as to fulfil the needs of the people. In order to lessen the social tension of the modern society we should propagate the institution of ancient *dānaśālas*. The Government will do well to incorporate such a provision in the fiscal statute-book. It shall be an effective way of transforming the society by reducing the evils arising out of the inequitable distribution of wealth.

References

1. Pigou, A. C., *Economics of Welfare*, p. 96
2. *Bṛihat Kalpa Sūtram*, Vol. V. V. 5153
3. *Niśitha Sūtram*, Vol. II, p. 234.
4. *Upāsakadasāṅga Sūtram*, Ch. I, S. 4, p. 9.
5. Ibid. Ch. II. S. 90, p. 160
6. Ibid. Ch. VII, S 179, p. 271.
7. Ibid. Ch. I, S. 8, p. 15
8. *Jñātādharmakathaṅga Sūtram* Vol. III. Ch. XV, S. 2, p. 104.
9. Ibid. Vol. II. Ch. VIII. S. 18. p. 322.
10. Ibid. Vol II, Ch. IX, S.1, pp. 555-556.
11. *Bṛihat Kalpa Sūtram*, Vol. III, V. 3066, p. 862
12. *Upāsakadasāṅga Sūtram*, Ch. I, S. 12-17, pp, 21-26.
13. Ibid. Ch. I S. 18-38. pp. 26-44.
14. *Chatuḥ Śaran Prakiṇaka* V. 62, p. 76.
15. *Daśavealiam* Ch. III, S. 3, p. 47

उड़ीसा में जैन संस्कृति

2

राजाराम जैन

कलिंग-चक्रवर्ती के रूप में विख्यात ***महामेघवाहन ऐल खारवेल*** भारतीय राष्ट्रीयता एवं सांस्कृतिक चेतना का एक ऐसा जाज्वल्यमान नक्षत्र है, जिसने अपने हाथीगुम्फा (अथवा उदयगिरि-खण्डगिरि अथवा ***खारवेल-शिलालेख*** के नाम से प्रसिद्ध ऐतिहासिक) 17 पंक्ति वाले शिलालेख के माध्यम से न केवल प्राच्य भारतीय इतिहास एवं उड़ीसा की जैन-संस्कृति की लुप्त-विलुप्त अथवा विस्मृत कड़ियों को उद्घाटित किया, अपितु देहली-दीपक न्याय से अतीत के परिप्रेक्ष्य में उसके वर्तमान को भी प्रकाशित किया और भविष्य के लिए भी उनके अनेक प्रेरक स्रोत-सन्दर्भ छोड़ दिये। देश-विदेश के विख्यात प्राच्यविद्याविदों ने विभिन्न स्रोतों से जानकारी प्राप्त कर उसके समकालीन ***प्राकृतभाषा*** तथा ***ब्राह्मी-लिपि*** में उत्कीर्णित उक्त शिलालेख की खोजकर उसका गहन अध्ययन किया है। उसके एक अध्येता ***डॉ. राखालदास बनर्जी*** ने तो उसे अन्धकारयुगीन भारत के इतिहास के लेखन के लिए प्रथम प्रवेश-द्वार (The sheet-anchor of Indian chronology) तक घोषित किया है।

उक्त शिलालेख में सम्राट् खारवेल को ***चेदिवंशी*** कहा गया है। महाभारतकालीन यह चेदि देश ***बुन्देलखण्ड स्थित "चन्देरी"*** (जनपद) का संक्षिप्त रूप है। अपनी गुणवत्ता के कारण लोगों में चन्देरी के प्रति विशेष आदर-भाव था। वे अपने को गौरवान्वित करने के लिए अपने नाम के साथ उस (चेदि) का भी नाम जोड़ने में सम्भवतः गौरव का अनुभव करते थे। बुन्देलखण्ड में तो परवार-जाति का एक गोत्र ही चन्देरी के नाम पर ***"चन्देरया"*** के रूप में प्रसिद्ध हो गया। इसी प्रकार अपने नगर या ग्राम का नाम ***चन्देरा*** रखने में भी गौरव का अनुभव करते थे। इससे प्रतीत होता है कि उसका संक्षिप्त रूप चेदि भी कुछ वर्गों का एक गोत्र बन गया और जिसे खारवेल के वंशजों ने भी अपने एक गोत्र के रूप में स्वीकार कर उसे अपने को ***चेदिवंशी*** के रूप में प्रसिद्ध किया होगा।

जैन इतिहास के अनुसार चन्देरी-जनपद प्राचीन काल से ही एक ओर जैनधर्म एवं संस्कृति का एक महान् अतिशय क्षेत्र रहा है, तो दूसरी ओर अनेक प्रतापी रणवाँकुरों तथा कुशल-प्रशासकों की जन्मभूमि भी। चेदिराज ***राजा शिशुपाल*** को इसी भूमि में जन्म दिया[1]। चेदि राज ***धृष्टकेतु*** जो ***धृष्टद्युम्न*** द्वारा निर्मित क्रौंच-व्यूह के नेत्र-स्थल में खड़ा था, चेदि का निवासी था।[2] इसी प्रकार ***राजा नल*** एवं ***दमयंती***[3] तथा **नकुल पाण्डव**[4] का भी इस भूमि से घना सम्बन्ध था।

बुन्देलभूमि का प्राचीन काल से ***कलिंग*** के साथ भी घनिष्ठ सम्बन्ध रहा। उसके प्रमुख दो उदाहरणों में से एक उदाहरण तो चेदिवंशी उक्त सम्राट् खारवेल का है तो दूसरा उदाहरण है—18वीं सदी के परवार-ज्ञातीय ***श्रीमंजू चौधरी*** का, जो चन्देरी या चेदि के निकटवर्ती एक छोटे से ग्राम (कुम्हेड़ी, ललितपुर) से अपनी दरिद्रता से ऊबकर आजीविकोजोपार्जन-हेतु निकला और नागपुर (महाराष्ट्र) होता हुआ, अपने पुरुषार्थ, पराक्रम तथा रण-कौशल से शीघ्र ही वह कलिंग के एक प्रदेश का एक प्रभावक शासक बन गया[5]। चौधरी राजवंश की पीढ़ी के लोग आज भी *कटक (उड़ीसा)* में रह रहे हैं। खारवेल का भक्त होने के कारण तथा खण्डगिरि को ***महावीर स्वामी*** की चरण-रज से पवित्र ***कुमारी-पर्वत*** मानकर उसने उसके शिखर पर सन् 1760 ई. में एक विशाल शिखरबन्द **जैन-मन्दिर** एवं जैन सांस्कृतिक केन्द्र भी बनवाया था तथा ***आमेर*** (राजस्थान) के *भट्टारक* ***सुरेन्द्रकीर्ति*** को राजधानी-कटक में आमन्त्रित कर उसने उनसे अपनी *महारानी नगीना बाई* के पूजा-पाठ के लिए ***''ज्येष्ठ जिनवर पूज-व्रत कथा''*** नामक ग्रन्थ की रचना भी कराई थी। सन् 1782 ई. में ***अचलसिंह प्रधान*** नामक एक प्राचीन लिपि के विशेषज्ञ प्रतिलिपिकार से अपने स्वाध्याय के लिए उनसे प्रार्थना कर ***पुण्याश्रवकथा-कोश*** की किसी जीर्ण-शीर्ण प्रचीन जैन पाण्डुलिपि की प्रतिलिपि भी करवाई थी। यह पाण्डुलिपि विशेष महत्त्व की जान पड़ती है। बहुत सम्भव है कि उड़ीसा के किसी प्राच्य शास्त्र-भाण्डार में खोजने से वह उपलब्ध भी हो जाए। उक्त कार्यों के अतिरिक्त भी उसने कटक में जनता की सुविधा के लिए एक सुरक्षित ***हाट-बाजार*** (Marketing Place or Trade Centre) भी बनवाया था, जो ***चौधरी-बाजार*** के नाम से आज भी प्रसिद्ध है। ***मंजू चौधरी*** के लोकहित साधक कार्यों तथा उसकी असीम जिनभक्ति और लोकप्रियता के कारण जनता ने उन्हें ***धर्मस्थल के हेंगड़े***- परिवार को ***धर्माधिकारी*** के समान ही ***''पुष्याधिकारी''*** की उपाधि से विभूषित भी किया था। उक्त मंजू चौधरी का निधन सन् 1785 के आसपास हुआ था।[6]

महाकवि जिनदास ने सन् 1805 में जब ***खण्डगिरि*** की यात्रा की तो उन्होंने अपने यात्रा-वृत्तान्त में उक्त चौधरी-परिवार तथा उनके द्वारा निर्मापित जिन-मन्दिर तथा विशाल हाट-बाजार आदि सांस्कृतिक-गतिविधियों का विस्तृत परिचय दिया है।[7] इस यात्रा-वृत्तान्त सम्बन्धी पाण्डुलिपि की भी खोज की तत्काल आवश्यकता है क्योंकि उससे कुछ नवीन ऐतिहासिक तथ्यों पर प्रकाश पड़ने की सम्भावना है। जैसा कि पूर्व में कहा जा चुका है, चन्देरी जैनधर्मानुयायी ***परवार-ज्ञातीय***-(परमार-क्षत्रिय) बहुल जनपद था, अतः बहुत सम्भव है कि खारवेल भी उसी जाति का रहा हो?

खारवेल-पूर्व कलिंग में जैन संस्कृति एवं धर्म

प्राचीन जैन इतिहास के अध्ययन से विदित होता है कि कलिंग-देश जैन संस्कृति एवं जैनधर्म के पर्यायवाची के रूप में प्रसिद्ध था। क्योंकि ***आचार्य जिनसेन*** (नौवीं सदी ईस्वी) के अनुसार आद्य ***तीर्थंकर ऋषभदेव*** का समवशरण कलिंग में आया था।[8] अभिधान-राजेन्द्र-कोश के अनुसार ही ऋषभदेव के एक पुत्र का नाम **कलिंग** था और उसे जिस देश के शासन का भार मिला था, उसी के नाम पर उस देश का नाम भी कलिंग-देश घोषित किया गया।[9] सुप्रसिद्ध बौद्ध ग्रन्थ ***मंजूश्रीमूलकल्प*** के अनुसार प्राच्यकालीन भारत के श्रेष्ठ साधकों में कलिंग के ऋषभ का भी अन्यतम स्थान था।[10]

जहाँ तक ऋषभदेव की प्राचीनता का प्रश्न है, ऋग्वेद में उनका नाम आदरपूर्वक लिया गया है। अतः इन्हें ऋग्वेद-पूर्वकालीन माना गया है।[11] इसका समर्थन ***लोकमान्य बालगंगाधर तिलक***[12] एवं ***डॉ. सर एस. राधाकृष्णन***[13] ने भी किया है।

महापुराण के अनुसार 18वें तीर्थंकर ***अरहनाथ*** की प्रथम पारणा कलिंग स्थित जिस रायपुर में हुई थी, उसकी पहिचान गवेषकों द्वारा ***महाभारत*** मे उल्लिखित कलिंग देश की राजधानी ***राजपुर*** से की गई है।[14]

खण्डगिरि में पार्श्व की प्राचीन मूर्तियों का बाहुल्य यह सिद्ध करता है, कि कलिंग से ***तीर्थंकर पार्श्व*** का घनिष्ठ सम्बन्ध रहा था। प्राच्य-विद्या-महार्णव श्री ***नगेन्द्रनाथ वसु*** महोदय के अनुसार ***तीर्थंकर पार्श्व*** ने अंग, बंग एवं कलिंग में जैनधर्म का दीर्घकाल तक प्रचार किया था। एक प्राचीन ताम्रपत्र-लेख के आधार पर उन्होंने यह भी सिद्ध किया है कि धर्म-प्रचार के लिए पार्श्व ने ***ताम्रलिप्ति***-

बन्दरगाह से कलिंग के अभिमुख में आते समय ***कोपकटक के धन्य नामक श्रावक*** के यहाँ पारणा की थी। यह कोपकटक वर्तमान ***बलासौर*** (उड़ीसा) जिले का ***कुपारीग्राम*** है। एक प्राचीन (भौम) ताम्रपत्र-लेख से विदित होता है कि आठवीं सदी में उक्त ग्राम ***कोपारक ग्राम*** के रूप में ज्ञात था।[15]

तिलोण्यपण्णत्ती के अनुसार तीर्थंकर पार्श्व का परिनिर्वाण ईसा-पूर्व नौवीं सदी के आसपास हुआ था।[16]

जैनाचार्यों ने **भ. महावीर** का समवशरण भी कलिंग-देश के कुमारी पर्वत आया हुआ बताया है। यही नहीं, भ. महावीर की फुआ ***यशोदया*** का विवाह तो स्वयं कलिंग-नरेश ***जितशत्रु*** के साथ ही हुआ था। अत: जितशत्रु उनके फूफा भी लगते थे। ***आचार्य गुणभद्र*** (9वीं सदी ईस्वी) के अनुसार उन्होंने भगवान् महावीर से जिनदीक्षा भी ली थी, अत: महावीर उनके आचार्य-गुरु भी थे।[17]

आवश्यक सूत्र (पृ. 210-20) के अनुसार तीर्थंकर महावीर ने तोसलि में जैनधर्म का प्रचार करते हुए ***मोसलि*** में विहार किया था।[18] इसका समर्थन खारवेल-शिलालेख की 14वीं पंक्ति से भी होता है।

उत्तराध्ययन सूत्र (पृ. 21) के अनुसार कंलिग एक प्रमुख जैन सांस्कातिक केन्द्र था। वहाँ का पिहुँड नामक बन्दरगाह जैन संस्कृति का प्रमुख केन्द्र था। *अंग-चम्पा* के जैन सार्थवाह व्यापार हेतु वहाँ आते-जाते रहते थे और अपने व्यापारिक, सांस्कृतिक, वैवाहिक सम्पर्कों से अपनी-अपनी संस्कृतियों का पारस्परिक आदान-प्रदान करते रहते थे।[19] यही नहीं, ***अंग-चम्पा, बंग*** एवं ***कलिंग*** के ***महासार्थवाह*** इसी पिहुंड बन्दरगाह से होते हुए ***दक्षिण-पूर्व एशियाई देशों*** में तथा ***सिंघल*** देश तक भी व्यापार हेतु आते-जाते रहे होंगे। ***डॉ. सिलवन-लेवि*** ने उक्त पिहुँड बन्दरगाह की पहिचान खारवेल-शिलालेख में उल्लिखित ***पिथुंड*** से की है।[20]

उत्तराध्ययन सूत्र के 18वें अध्ययन के अनुसार जब *पांचाल* देश में राजा ***द्विमुख, विदेह में राजा नमि*** तथा ***गान्धार*** में राजा नग्नजित राज्य कर रहे थे, उस समय पार्श्वनाथ के परम उपासक-शिष्य ***राजा करकंडु कलिंग*** में राज्य कर रहे थे। उत्तराध्ययन में उक्त सभी राजाओं को नरपुंगव के रूप में आदर दिया गया है।[21] इस करकंडु की राजधानी दन्तीपुर थी,जो हाथीदाँत की बनी हुई वस्तुओं के लिए प्रसिद्ध केन्द्र मानी जाती थी। परवर्त्ती जैन साहित्य में विभिन्न कालों एवं विभिन्न भाषाओं में इस राजा करकण्डु का विस्तृत रोचक वर्णन किया गया है।

जिस समय ***मगध के नन्दराज*** ने कलिंग पर आक्रमण कर **कलिंग-जिन** का अपहरण किया, उस समय कलिंग का शासक कौन था, इसकी स्पष्ट जानकारी नहीं हैं। इसी प्रकार जिस समय ***सम्राट् अशोक*** ने कलिंग पर आक्रमण किया, उस समय वहाँ किसका साम्राज्य था, यह कहना भी कठिन है। अशोक ने कलिंग में जिस निर्ममता से नर-संहार किया, उससे उत्पन्न विधवाओं एवं अनाथ बच्चों के चीत्कार तथा वहाँ के भीषण रक्तपात ने उसके हृदय को दहला दिया था। अपने 13वें शिलालेख में इसे उसने स्वयं स्वीकार भी किया है तथा कहा है कि इस कलिंग-युद्ध में ***श्रमणों*** एवं ***ब्राह्मणों*** को अनेक कष्ट झेलने पड़े।[22] उनसे उसका हृदय-परिवर्तन हो जाने के बाद वह देवानंप्रिय एवं प्रियदर्शी-सम्राट् बन गया।

किन्तु कलिंग-विजय के बाद भले ही सम्राट् अशोक का हृदय-परिवर्तन हो गया लेकिन वह ***निगंट्ठों***[23] एवं समणों[24] (जैनों) को सम्मान भी देता रहा, जिनके अनेक साक्ष्य उसके अभिलेखों में मिलते हैं। फिर भी, उसने कलिंग-वासियों को **नन्दराज द्वारा** अपहृत **कलिंग-जिन** की मूर्ति वापिस नहीं की। इससे प्रतीत होता है कि कलिंग के प्रति उसके मन में किसी न किसी प्रकार का आक्रोश बना रहा।

जैसा कि पूर्व में कहा जा चुका है, हाथीगुम्फा शिलालेख की 12वीं पक्ति के अनुसार नन्दराज कलिंग पर आक्रमण कर कलिंग-जिन का अपहरण कर उसे मगध ले आया ता। इतिहासकारों ने इसका विश्लेषण कर बताया है कि कलिंग-जिन कलिंग के राष्ट्रिय-गौरव का प्रतीक था तथा नन्दराज के आक्रमण के समय जैनधर्म वहाँ का राष्ट्रधर्म था। कलिंगवासी स्वाभिमानी प्रजा उस कलिंग-जिन की मूर्ति के अभाव के शोकाकुल अवश्य बनी रही किन्तु उसे विस्मृत नहीं कर सकी थी तथा विभिन्न राजवंशों की पृष्ठ-पोषकता के कारण उस समय भी जैनधर्म कोने-कोने तक प्रचारित बना रहा। जब खारवेल कलिंग की राजगद्दी पर बैठा, तभी उसने अपनी पूर्ण शक्ति के साथ मगध पर आक्रमण किया और जैन-संस्कृति के प्रतीक एवं राष्ट्रिय गौरव के उस चिन्ह को **वहसत्तिमित्त**[25] से वापिस लेकर कलिंग में उसकी विशाल समारोह के साथ **पुनःप्रतिष्ठा** की।[26]

खारवेल-शिलालेख में यद्यपि यह स्पष्ट उल्लेख नहीं है कि कलिंग-जिन किस तीर्थंकर की मूर्ति थी। कुछ इतिहासकारों ने उसे आदि-तीर्थंकर ऋषभदेव की मूर्ति बतलाया है और यह असम्भव भी नहीं क्योंकि प्राचीन जैनागामों में ऋषभ का कलिंग के साथ घनिष्ठ सम्बन्ध बतलाया गया है। कलिंग-जिन की

मूर्त्ति मगध में लगभग दो ढाई सौ वर्षों तक सुरक्षित रह जाने से यह अनुमान लगाना भी सहज है कि मगध का राजवंश भी वैसा ही जैनधर्म का उपासक तथा जैन संस्कृति का संरक्षक था, जैसा कि कलिंग का राजवंश। कलिंग पर नन्दराज के आक्रमण के पूर्वकाल में भी वहाँ **ऋषभदेव** की पूजा-अर्चना सार्वजनिक रूप में की जाती रही होगी।

कलिंग-जिन की मूर्ति के उक्त उल्लेख से इस तथ्य पर भी प्रकाश पड़ता है ई. पू. की चौथी सदी में कलिंग एवं ***मगध में मूर्ति-पूजा*** प्रचलन में थी तथा कलिंग में ***जैन मूर्ति-निर्माण****-कला* का भी पर्याप्त विकास हो चुका था।

प्राच्यविद्याविद् पं. ***भगवानलाल इन्द्रजी*** एवं डॉ. ***आनन्दकुमार स्वामी*** ने खारवेल-शिलालेख का अध्ययन कर तथा उसमें उत्कीर्णित प्रारम्भ में जैन-संस्कृति के मूलमन्त्र ***णमोकार-मन्त्र*** के प्रारम्भिक चरण के साथ-साथ उसके 4 प्रतीकों का नामोल्लेख कर सिद्ध किया है कि जैनधर्म कलिंग का राष्ट्रधर्म था।[27] अत: कलिंग की परम्परा-प्राप्त जैन संस्कृति की लोकप्रियता की अभिवृद्धि में खारवेल के योगदान को विस्मृत नहीं किया जा सकता। उक्त शिलालेख में उत्कीर्णित जैन-संस्कृति के उक्त 4 प्रतीक-चिह्न निम्न प्रकार हैं—

(1) वर्धमंगल: यह चिह्न शिलालेख की दूसरी पंक्ति की बाईं ओर उत्कीर्णित है, जो निर्ग्रन्थ-संस्कृति एवं जैन-तीर्थंकरों का परिचायक उसका एक अत्यावश्यक अंग है। इस चिह्न से जन-भावना की यह जानकारी भी मिलती है, कि सम्राट् खारवेल एवं उसकी प्रजा जैन-संस्कृति एवं धर्म की परमभक्त थी।

(2) स्वस्तिक: स्वस्तिक का यह चिह्न उक्त शिलालेख की चौथी एवं पाँचवी पंक्ति के बाएँ पार्श्व में उत्कीर्णित है। यह चिह्न जैन-परम्परा में मान्य जीवों की विभिन्न श्रेणियों का दिग्दर्शक, एक ऐसा प्रतीक चिह्न है, जिसके अनुसार तीनों लोकों में प्रधान रूपसे चार प्रकार के जीव रहते हैं—मनुष्य, देव, तिर्यंच् एवं नारकी।

जैनाचार्यों ने इन जीवों के विविध प्रकार के सूक्ष्मातिसूक्ष्म सहस्राधिक भेद-प्रभेद कर उनकी परिभाषाएँ प्रस्तुत की हैं, जो आधुनिक Biological Science की दृष्टि से विशेष महत्त्वपूर्ण एवं रोचक सिद्ध हुई हैं और जिन्होंने सुप्रसिद्ध वैज्ञानिक ***सर जगदीशचन्द्र वसु*** को भी प्रभावित किया था।

इसी स्वस्तिक के ऊपरी शिखर पर एक अर्धचन्द्र पर तीन बिन्दु रखे जाते हैं, जो कि जैन संस्कृति एवं जैनधर्म के सारभूत-सम्यग्दर्शन, सम्यग्ज्ञान एवं सम्यग्चारित्र रूप रत्नत्रय एवं मुक्ति मार्ग के प्रतीक चिह्न हैं।

(3) नन्दिपदः कलिंग-जिन अर्थात् **ऋषभेदव** की पहिचान का चिह्न जैन-परम्परा के अनुसार ***नन्दि*** अर्थात् वृषभ (बैल) है। अतः ऋषभदेव के प्रति आदर देने हेतु शिलालेख की मध्यान्त की एक पंक्ति की दाईं ओर ***नन्दि-पद*** अर्थात् वृषभ के चरण-चिह्न उत्कीर्णित हैं। जैसा कि पूर्व में कहा चुका है, जैन इतिहास के अनुसार ऋषभेद का कलिंग से ऋग्वेद-पूर्वकाल से ही घनिष्ठ सम्बन्ध था। सारा कलिंग देश उनके चरणों का परम भक्त था। अतः उसी की अभिव्यक्ति के लिए खारवेल ने अपने शिलालेख में नन्दि-पद को उत्कीर्णित कराया था।

(4) रुखचेतियः खारवेल-शिलालेख के अन्त में दाईं ओर ***रुखचेतिय*** अर्थात् ***चैत्यवृक्ष*** उत्कीर्णित है। जैन-परम्परा में उसका बड़ा महत्त्व है, क्योंकि इसे देवों द्वारा पूजनीय तथा जिन-प्रतिमाओं को आश्रय-स्थल देने वाला वृक्ष माना गया है। यथा—

चेत्तरुणं मूलं पत्तेक्क चउदिसासु पंचेत चेट्ंठति जिणप्पडिमा पिलयंकाट्ठया सुरेहिं महणिज्जा।

अर्थात् चैत्यवृक्षों के मूल में चारों दिशाओं में से प्रत्येक दिशा में पद्मासन में स्थित और देवों द्वारा पूजनीय 5-5 जिन प्रतिमाएँ विराजमान की जाती हैं। इस महान् वृक्ष को सर्वौषधि के रूप में माना गया है।[28] द्रव्यानुयोग एवं करणानुयोग सम्बन्धी जैन-साहित्य में उक्त चैत्यवृक्ष का विशद वर्णन किया गया है।

जैन मान्यता के अनुसार जैन संस्कृतिक में उक्त ***णमोकार-मन्त्र*** एवं चतुर्विध मांगलिक प्रतीकों का महत्त्व तो है ही, स्वस्थ समाज के निर्माण, राष्ट्र की उत्तरोत्तर समृद्धि एवं छहों ऋतुओं को सम बनाए रखने के लिए भी वे आवश्यक माने गए हैं। इसीलिए हाथीगुम्फा-शिलालेख में उनका निदर्शन केवल व्यक्तिगत रूप से नहीं बल्कि सर्वसम्मत तथा लोकपरम्परा के अनुकूल किया गया है। जैनधर्मानुयायियों के मांगलिक कार्यों में तो आज भी सारे भारत में उक्त परम्परा प्रचलित है।

सम्राट् खारवेल के बाद उक्त कलिंग-जिन का क्या हुआ, इसकी जानकारी नहीं मिलती। बहुत सम्भव है कि सदियों बाद किन्हीं कारणों से उसे पुनः ***मगध*** ले आया गया हो और किसी कारण से वह खण्डित हो गई हो और पटना के वही प्राचीन कलिंग-जिन हो जो इस समय ***पटना-म्यूजियम*** में सुरक्षित है। अथवा, ऋषभदेव का अपरनाम ***जगतनाथ*** (***जगन्नाथ***) भी है। अतः कभी-कभी ऐसी भी चर्चाएँ सुनने को मिलती हैं कि वर्तमान जगन्नाथपुरी के मन्दिर के

किसी गुफागृह में अभी वह कालिंगजिन सुरक्षित है। वस्तुतः उस दिशा में खोज करने की महती आवश्यकता है।

शिलालेख की 11वीं पंक्ति के अनुसार ***रणधुरन्धर खारवेल*** ने दक्षिण भारत की ओर प्रयाण किया।[29] दक्षिण भारत को दो भौगोलिक इकाइयों में विभक्त किया जा सकता है—पहिला, तमिल (अथवा द्रमिल्ल या द्रविड) देश तथा दूसरा ***कर्नाटक***। मौर्य-राजाओं के आक्रमण से बचने के लिए तमिलों ने वीर निर्वाण संवत् के 113वें वर्ष में पार्श्ववर्त्ती कुछ राज्यों को मिलाकर एक ***संघात-राष्ट्रकुल*** बना लिया था।[30] खारवेल के सशक्त आक्रमण से वह छिन्न-भिन्न हो गया। उस समय तमिल-कुल की दो राजधानियाँ थीं—उरगपुर (त्रिचिरापल्ली) एवं ***काँची***। जैन इतिहास में इन दोनों नगरों का सांस्कृतिक एवं साहित्यिक दृष्टि से विशेष महत्त्व है। खारवेल के आक्रमण के बाद तथा उसके दीर्घगामी प्रभाव से सारा तमिलप्रदेश जैन संस्कृति का पुनः महत्त्वपूर्ण केन्द्र बन गया।

जैन साहित्य के इतिहासकारों की यह मान्यता है कि प्रारम्भ में तमिलदेश की भाषाएँ अपरिष्कृत अथवा साहित्य-लेखन के अयोग्य मानी जाती थीं किन्तु स्थानीय जनभाषाओं के प्रेमी जैनाचार्यों ने उन्हें आवश्यकतानुसार परिष्कृत कर उनमें व्याकरण, ज्योतिष, साहित्य कोष, धर्म, सिद्धान्त, व्यवहार, राजनीति, चिकित्सा एवं स्वास्थ्य आदि सभी विषयों पर प्रचुर साहित्य लिखा। इस साहित्य-लेखन की प्रक्रिया बड़ी दुरूह किन्तु बड़ी वैज्ञानिक थी। कहा जाता है कि जिस समय वहाँ साहित्य-लेखन की योजना बनाई गई, उस समय सर्वप्रथम एक संघ तथा उसकी एक विशेषज्ञ-समिति बनाई गई, जिसका प्रथम नियम था कि मानव-मूल्यों को उन्नत बनाने हेतु ही साहित्य लिखा जाये तथा वह सार्वजनीन एवं उच्चस्तरीय हो। अतः लिखे गए ग्रन्थों का परीक्षण सबसे पहिले संघ की विशेषज्ञ-समिति किया करती थी। उस संस्था का नाम था ***संगम (अर्थात् साहित्यकार-संसद)***। संगम के इस कड़े रुख का सुफल यह हुआ कि उस काल का समस्त जैन-साहित्य उच्चस्तरीय बना तथा शिव-साहित्य के उच्चतम कोटि के ग्रन्थरत्नों में उसकी गणना की गई। ऐसे ग्रन्थों में से **तिरुवल्लुवर का थिरुक्कुरल-काव्य** तथा ***मणिमेखलै, नालडियार, जीवक-चिन्तामणि, शिलप्पदिकारं*** जैसे अनेक ग्रन्थरत्न अग्रगण्य माने गए।[31]

इस प्रकार अपरिष्कृत एवं साहित्य-लेखन के लिए अयोग्य समझी जाने वाली ***तमिल-भाषा*** को भी साहित्य-लेखन के योग्य बनाया जैनाचार्यों ने। यह

जैन साहित्य तमिल प्रदेश के आदिकालीन साहित्य के रूप में सर्वमान्य किया गया है। उस ऐतिहासिक विरासत में सम्राट् *खारवेल* के दीर्घगामी प्रेरक परोक्ष--प्रभाव एवं योगदान को विस्मृत नहीं किया जा सकता।

तमिल देश में एक प्रकार की सांस्कृतिक एवं साहित्यिक गतिविधियाँ पाँचवी सदी ईस्वी तक चलती रहीं। उसके बाद उसमें क्रमशः ह्रास होने लगा।

कर्नाटक एवं ***वनवासी प्रदेश*** के राजाओं पर आक्रमण कर खारवेल ने उन्हें भी अपने अधीन किया और वहाँ भी अपनी विचारधारा की अमिट छाप छोड़ी। सम्भवतः यह उसी का दीर्घगामी प्रेरक प्रभाव रहा कि परवर्ती युगों में वहाँ के ***कदम्ब, गंग, होयसल, पाण्ड्य, चोल, पल्लव, रट्ट, सांतर, चालुक्य, राष्ट्रकूट,*** आदि राजवंश या तो जैनधर्मावलम्बी बने अथवा उसके परम हितैषी बनकर उन्होने उसके साधक आचार्यों को आश्रयस्थल दिए और भक्तिपूर्वक उन्हें लेखन-सुविधाएँ भी प्रदान कीं। फलतः वहाँ के साधक मनीषियों ने भी प्राकृत, संस्कृत एवं कन्नड़ में उच्चस्तरीय विविधविपुल साहित्य का प्रणयन किया। ऐसे महामहिम आचार्यों की श्रंखला बहुत बड़ी है, जिसमें से आचार्य उमास्वामी, यतिवृषभ, स्वामीकार्तिकेय, समन्तभद्र, आचार्य पूज्यपाद, रविषेण, जिनसेन, गुणभद्र, अकलंक, विद्यानन्दि, वीरसेन, पुष्पदन्त, नेमिचन्द्र, वसुनन्दि, सोमदेव, महावीराचार्य, इन्द्रनन्दि, उग्रदित्य, पम्प, पोन्न, रन्न, मधुर, अग्गल, प्रभृति आचार्य लेखकों ने शाश्वत कोटि के उच्चस्तरीय ऐसे साहित्य की रचना की जो आज भी लेखकों के लिए प्रकाश-स्तम्भ का कार्य कर रहा है। ये ग्रन्थ न केवल जैन-चिन्तकों की प्रतिभा-पुंज के उज्जवल उदाहरण हैं, अपितु प्राच्य भारतीय-विद्या के गौरव के अग्र-शिखर भी हैं, वीर सेनापति चामुण्डराय, वेनेय भरत एवं नन्न आदि जैन वीरों तथा कर्नाटक की अनेक आदर्श जागृत महिलाओं में महासती **अत्तिमव्वे, जक्कियव्वे, पाम्वव्वे, पम्पादेवी** आदि को पराक्रमी, राष्ट्रवादी, एवं सरस्वती-भक्त बनाने तथा सामाजिक-सुधार में अग्रणी बनाने में परोक्ष रूप से खारवेल की सांस्कृतिक-चेतना की वेगवती धारा ही प्रवाहित प्रतीत होती है।

समाज एवं राष्ट्र को जीवन्त बनाए रखने के लिए देश के विभिन्न हिस्सों में समय-समय पर उत्सव, गीत, नृत्य, वादित्र, धार्मिक आयोजन, मुनि--सम्मेलन आदि का होते रहना अत्यावश्यक है। इससे जीवन में सरसता, उत्साह, सामाजिक सौहार्द, सौमनस्य एवं राष्ट्रिय भावनाएँ जागृत रहती है। इसके लिए शासक को

दूरदृष्टि-सम्पन्न, कार्य-कुशल एवं कलाओं के प्रति उसमें उत्साह एवं सुरुचि होना आवश्यक है। खारवेल में संयोग से ये सभी गुण विद्यमान थे।

शिलालेख की पाँचवीं पंक्ति के अनुसार खारवेल स्वयं **गन्धर्व-विद्या** में प्रवीण था तथा कलिंग एवं विजित राज्यों में विविध सांस्कृतिक आयोजन कराता रहता था। समय-समय पर सर्व पाषंडों के साथ मिलकर तथा अपनी उपस्थिति में वह **समाज** कराकर सभी का मनोरंजन किया करता रहता था और इस माध्यम से प्रजा-जनों के हृदय को जीतता रहता था।[32]

शिलालेख की दूसरी पंक्ति के अनुसार खारवेल ने 24 वर्ष की आयु प्राप्त करते-करते ***लिपि-विद्या, गणित,*** नीति, ***युद्ध-कौशल*** एवं कलाओं में निपुणता प्राप्त कर ली थी।[33] कलिंग की अतीतकालीन आदर्श परम्पराओं को देखते हुए यह विदित होता है कि कलिंग में ज्ञान-विज्ञान के प्रशिक्षण-केन्द्र सर्वत्र रहे होंगे। सुसंस्कृत, सुशिक्षित एवं समृद्ध समाज तथा प्रगतिशील आदर्श राष्ट्र-निर्माण के लिए संस्कृति-प्रेमी खारवेल ने भी राष्ट्र के भावी कर्णधार बालक-बालिकाओं के लिए शिक्षा अनिवार्य कर दी हो तथा उनके लिए पाठशालाओं की भी सर्वत्र व्यवस्था कर दी गई हो, तो कोई आश्चर्य नहीं।

जैन संस्कृति में व्रत-विधान एवं पूजा, विशेषरूपेण ***कल्पद्रुम-पूजा-विधान*** का विशेष महत्त्व है। इसे सर्व मंगलकारक, सर्वौषधि-निधान एवं सर्वसिद्धि दायक माना गया है। दिग्विजय के बाद ***चक्रवर्त्ती-सम्राट्*** इसका आयोजन बड़े ही समारोह के साथ करते थे, जो गीत, संगीत, नृत्य एवं विभिन्न सांस्कृतिक कार्यक्रमों के साथ कई दिनों तक चलते रहते थे और जिसमें राज्य के सभी लोग सोत्साह भाग लेते थे। प्राच्य जैन साहित्य में इसके अनेक उदाहरण उपलब्ध हैं कि कल्पद्रुमपूजा-विधान के साथ याचकों की ***किमिच्छकदान*** भी दिया जाता था।

शिलालेख की नौवीं पंक्ति के अनुसार[34] खारवेल ने मगध पर प्रथम-विजय के उपलक्ष्य में कल्पद्रुम-पूजा-विधान कर उसमें बिना किसी भेद-भाव के ब्राह्मणों, श्रमणों एवं अन्य याचकों को उनको इच्छानुसार हाथी, घोड़े, रथों, एवं अन्य समृद्धियों का मुक्तहस्त से दान दिया था। जैनाचार्यों ने एक उल्लेख में बताया भी है—

किमिच्छकेन दानेन जगदाशा प्रपूर्य यः।
चक्रिभिः क्रियते सोऽर्हत् यज्ञः कल्पद्रुमो मतः ॥

अर्थात् ''आप क्या चाहते हैं'' इस प्रकार पूछ-पूछ कर याचकों को उनके इच्छानुसार ही उनके मनोरथों को पूर्ण करके अरिहन्त भगवान् की जो पूजा की जाती है उसे कल्पद्रुम-पूजा-विधान कहा गया है।

खारवेल का उक्त दान-आयोजन इतना आकर्षक एवं भावोत्तेजक था कि कलिंग के लोगों ने सादर श्रद्धापूर्वक खारवेल का सार्वजनिक सम्मान-समारोह कर उसमें उसका ***पलवभार***[35] अर्थात् तुलादान किया था। किसी व्यक्ति के तुलादान का यह उल्लेख विश्व इतिहास में सम्भवत: प्रथम उदाहरण है, जो हाथीगुम्फा-शिलालेख में उपलब्ध हुआ है।

खारवेल के मन में इस बात की बड़ी चिन्ता रही होगी कि जैन-संस्कृति एवं उसकी प्रातभिक समुन्नति की प्रतीक तथा कण्ठ-परम्परा से नि:सृत ***द्वादशांग-वाणी*** की सुरक्षा कैसे हो। क्योंकि उसके समय तक उसका अधिकांश भाग विस्मृत अथवा लुप्त हो गया था। अत: उसने देश के कोने-कोने से सुकुत, सुविहित श्रमण, ज्ञानी, ध्यानी, तपस्वी, ऋषि तथा उनके संघों के मार्ग-दर्शक साधकों को विनय पूर्वक कुमारी पर्वत पर आमन्त्रित किया।[36] उनकी संख्या 35000 (पनतिसतसहसेहिं) थी। शिलालेख की पंक्ति सं. 15-16 के अनुसार उनके लिए देश के कुशल कारीगरों द्वारा मणि-रत्न जड़ित स्तम्भों वाला एक विशाल कलापूर्ण सभामण्डप बनावाया गया और उसी में *चोयट्ठि* = चउ + अट्ठि (अर्थात् चार + आठ) = **द्वादशांगी**- आगम-वाणी का वाचन किया गया।[37] किन्तु आश्चर्य का विषय यह है कि खारवेलकालीन यह वाचना न तो वर्तमान में उपलब्ध है और प्रस्तुत शिलालेख को छोड़कर उसका कहीं उल्लेख तक भी नहीं किया गया है।

खारवेल के वास्तु-निर्माण-सम्बन्धी कार्यों से विदित होता है कि वह सौन्दर्यबोध का अतिशय धनी था। समय-समय पर अपने सुविधानुसार राष्ट्रहित एवं समाजहित में 35 लाख मुद्राएँ व्यय करके (पंक्ति 3) वह कलिंग में सुन्दर-सुन्दर भवन एवं जलाशय निर्माण, नहर का जीर्णोद्वार तथा विस्तारीकरण, जर्जर ऐतिहासिक गोपुरों एवं भवनों का जीर्णोद्धार, प्राची नदी के दोनों किनारों पर महाविजय-प्रासाद-निर्माण, मार्ग-निर्माण, कुमारी-पर्वत पर अर्हत् निषिधाओं के निर्माण आदि उसके वास्तु-शिल्प-ज्ञान, सांस्कृतिक अभिरुचि, कलिंग की सांस्कृतिक समृद्धि एवं उसके लोकहित-साधक कार्यों के आदर्श उदाहरण हैं।

आर्थिक परिस्थिति एवं उद्योग धन्धे

खारवेल शिलालेख के अध्ययन से विदित होता है कि उक्त वास्तुशिल्पों के अनुभवी कुशल कारीगरों, कुशल-श्रमिकों तथा भवन-निर्माणदि के निर्माण के लिए आयुधशालाओं की देश में कमी नहीं थी। इसी प्रकार वस्त्रोद्योग-विशेषज्ञों सफाई-मजदूरी के पेशेवर लोगों, घरेलू उद्योग-धन्धों में लगे कर्मियों तथा संस्कृति एवं नैतिक शिक्षाओं का प्रचार करने वाले अनुभवी प्रचारकों की भी कमी नहीं थी। कलिंग की सुरक्षा, समृद्धि, प्रगति एवं नव-निर्माण की दिशा में उन सक्रिय सहयोगी कर्मियों को विस्मृत नहीं किया जा सकता। यद्यपि शिलालेख में इनका उल्लेख कहीं नहीं मिलता किन्तु इनके श्रम-सहयोग के बिना खारवेल की क्रियाशीलता तथा कलिंग की समृद्धि एवं प्रगति असम्भव थी। अत: इन्हें नींव का पत्थर समझ कर कलिंग-संस्कृति का निर्माता सम्राट् खारवेल जैसा उदार मानवतावादी प्रशासक निश्चय ही समय-समय पर उन सभी को वात्सल्यभाव पूर्वक प्रबोधित, सम्मानित एवं पुरस्कृत अवश्य करता रहा होगा।

खारवेल-शिलालेख में प्रशासन में सहायता करने वाले पदाधिकारियों के नामोल्लेख नहीं मिलते। इससे विदित होता है कि प्रजाजन आत्मानुशासित एवं कर्त्तव्यनिष्ठ थे। श्रमण संस्कृति के प्रभाव से वे अपराध-भावना से मुक्त थे और स्वत: -स्फूर्त राष्ट्र-भावना से ओत-प्रोत कर्मठ तथा पुरुषार्थी थे। यही कारण है कि एक आदर्श सम्राट् की भावना के अनुरूप प्रजाजनों का आचरण रहने के कारण प्रशासक पदाधिकारियों की सम्भवत: आवश्यकता नहीं रही होगी। फिर भी, अन्य गुफा-लेखों में अवश्य ही कुछ पदाधिकारियों के नामोल्लेख मिलते हैं। जैसे—

— महामद = महामात्य (जम्बेश्वर गुफा लेख)

— अतसुख वादिनक = अतिसुख प्रदान करने वाले अर्थात् समाज-कल्याण पदाधिकारी (छोटा हाथीगुम्फा गृह लेख)

— कुमार वटुक = राज-परिवार के बच्चों की सुरक्षा, स्वास्थ्य तथा प्रशिक्षण पर ध्यान रखने वाले पदाधिकारी

— कम्महलखिण = कार्यवाहक पदाधिकारी ? (सर्वगुहा लेख)

यद्यपि इस शब्दावली के अर्थ स्पष्ट नहीं हैं, फिर भी इनके पदों से इनके कर्त्तव्यों एवं अधिकारों का अनुमान लगाया जा सकता है।

उड़ीसा के जैनेतर साहित्य तथा लोकगीतों पर जैन संस्कृति का प्रभाव

उड़ीसा के परवर्त्ती साहित्य एवं लोकगीतों का अध्ययन करने से यह स्पष्ट विदित होता है कि वहाँ जैन-संस्कृति का प्रभाव सामान्य जन-जीवन में दुग्ध-शर्करा के सदृश आज भी मिश्रित दिखाई देता है।

विष्णुपुराण प्रभृति वैदिक पुराणों में ***श्रीकृष्ण*** सम्बन्धी ***कालियानाग*** का मर्दन श्रीकृष्ण-लीला से सम्बन्धित केवल मनोरंजन के लिए कहा गया है, जब कि उड़िया लोकगीतों में तद्विषयक घटना लीला अर्थात् मनोरंजन से सम्बन्धित नहीं, बल्कि कृष्ण की आत्मसुरक्षा की दृष्टि से वर्णित है। एक उड़िया लोकगीत में बताया गया है कि कंस की ***पत्नी पद्मावती*** को अपने ***धनित्री-व्रत*** के उद्यापन के लिए ***सौभार-पद्म*** की आवश्यकता थी। उसे लाने के लिए कंस ने कृष्ण से अनुरोध किया। कंस का अनुरोध मानकर कृष्ण जैसे ही सरोवर में कमल लेने के लिए प्रवष्टि होते हैं, तभी कालियनाग उन्हें काटने के लिए दौड़ता है। अतः केवल आत्मरक्षा के निमित्त ही कृष्ण को विवश होकर उसका मर्दन करना पड़ा। यथा[38]—

> **कंसर धरिणी पद्मावती राणी करिछी धनित्री ओषा।**
> **शए भार पद्म देवु रे कन्हाइ न थिव पाक्षड़ा मिशा॥**
>
> ....
>
> **कुंजबिहारी विहरंते गोप नरे,**
> **कंस आज्ञा आसी लागिला नंदकु देव कमल कमल शते भार**
> **कले नंद भय न दिशे उपाय के देव पद्म फूल तोली**
> **कणें शुणिकरि भय परिहरि आग होइले बनमाली**
> **काली भयरे केहि न पशे कालिंद रे**
> **कृष्ण आनंद रे प्रवेश होइले नट जेन्हें नाट मंदिरे॥**

डॉ. ल. ना. साहू के अनुसार उड़ीसा का उक्त लोकगीत निश्चय ही जैन-संस्कृति के रस में सना-पगा है क्योंकि आचार्य ***जिनसेन*** ने अपने ***महापुराण*** में अकारण हिंसा से बचने के प्रसंग में कंस-कृष्ण सम्बन्धी उक्त घटना का वर्णन किया है। उसके अनुसार कालिया-नाग मर्दन श्रीकृष्ण ने मात्र लीला के लिए नहीं, बल्कि कमल पुष्प तोड़ते समय नाग-द्वारा उन्हें काटने के प्रयास के कारण ही केवल आत्मरक्षा के निमित्त किया था।[39]

महाकवि ***सारलादास*** कृत ***उड़िया-महाभारत*** में ***राधाचक्र-वेध*** की जो घटना वर्णित है, वह श्री साहू के अनुसार जैन-सिद्धान्त की अहिंसा से पूर्णतया प्रभावित है। उसके अनुसार द्रोपदी के स्वयंवर के समय लक्ष्यवेध करते हुए अर्जुन को घूमते हुए चक्र के भीतर राधा अर्थात् लक्ष्य का भेद करना था, महाभारत में वर्णित घूमती हुई जीवित मछली की आँख का नहीं। यह घटना भी जिनसेन कृत ***हरिवंसपुराण*** के वर्णन से पूर्णतया प्रभावित है। यथा[40]—

राधाचक्र बुलअछि सात तल उच्चे,
ताले उच्चरे पटाए अछि जे सुसंचे।
लक्षे बल धनु धारि से पटाए उठि॥

उड़िया कवि ***जगन्नाथ दास*** कृत ***भागवत-ग्रन्थ*** में वर्णित तात्त्विक चिन्तन, तथा *ऋषभदेव* द्वारा अपने 100 पुत्रों के लिए प्रदत्त उपदेश भी जैन संस्कृति एवं धर्म से पूर्णतया प्रभावित है।[41]

महाकवि ***चैतन्यदास*** कृत *विष्णुगर्भ पुराण* के छठवें अध्याय में ***ऋषभदेव*** तथा उनके पुत्र भरत का एक संवाद आया है, जिसमें ***अलेख-पन्थ*** को सर्वोपरि बताया गया है। भ. ऋषभदेव भरत सहित अपने 10 पुत्रों को अलेख धर्म का उपदेश देकर उन्हें उसी की दीक्षा देते हैं। उड़ीसा में प्रचारित यह अलेख-धर्म जैनधर्म के ***अचेलक पन्थ*** का सम्भवतः पर्यायवाची रूप है। देखिए उसके कुछ अंश का हिन्दी रूपन्तर[42]—

हे पुत्रो, मेरी गोद में बैठो,
और मंगल पूर्वत अलेख (अचेल) की दीक्षा ग्रहण करो।
(तब) पिता को नमस्कार पूर्वक
दसो भाई दीक्षा ग्रहण करने के लिए पिता की गोद में बैठ गए।
उन पुत्रों को ऋषभदेव ने अलेख-दीक्षा दी और ध्यान-भेद
तथा उसकी मुद्राएँ समझाई।......

इसी प्रकार उड़ीसा के लोकगीतों में बउला गाय की घटना, कल्पवट की मान्यता, पुरपल्लियों में शिव-चतुर्दशी की उपासना, उड़िया भाषा की ***विचित्र-रामायण*** में वर्णित सीता द्वारा वटवृक्ष की प्रार्थना, जगन्नाथ जी की रथयात्रा एवं अन्य तिथियाँ, पुरी के जगन्नाथ मन्दिर का कोहली (कैवल्य) बैंकुंठ (मोक्ष) का पवित्र स्थल, आदि जैन संस्कृति से पूर्णतया प्रभावित हैं।

वर्तमान उड़ीसा में वहाँ जैन-संस्कृति एवं धर्म की प्रत्यक्ष स्थिति यद्यपि नगण्य है, फिर भी, उसका प्रभाव, जैसा कि पूर्व में कहा जा चुका है, वहाँ के जन-जीवन में जाने अथवा अनजाने में अभी भी घुला-मिला हुआ है। कलिंग में बिखरी हुई टूटी-फूटी अगणित जैन मूर्तियाँ, पृथिवी के अन्तर्भाग में छिपी पड़ी उत्खनन के लिए प्रतीक्षारत पुरातात्त्विक असंख्य बहुमूल्य सम्पदा, शताधिक अभिलेखों से अंकित गुफागृह एवं पर्वत-शिखर, आज भी उसके अतीतकालीन स्वर्णिम सांस्कृतिक वैभव का गुणगान कर रहे हैं। समय के थपेड़ों से आहत लक्ष-लक्ष की संख्या में ***सराक*** (श्रावक) जो कि ***ऋषभ, पार्श्व एवं महावीर के अनुयायी तथा खारवेल के स्नेह-भाजन पार्श्ववर्त्ती*** प्रदेशों में दुर्भाग्य से पिछड़ों या आदिवासियों के रूप में रहकर साधन-विहीन जीवन-यापन कर रहे हैं और समय की धुँध के कारण वे अपने स्वर्णिम अतीत को विस्मृत कर चुके हैं। फिर भी जन्मजात संस्कारों के कारण अनजाने ही सही, आज भी अहिंसक, सदाचारी एवं शाकाहारी जीवन व्यतीत कर रहे हैं।[43] आज भी उनके नामों में जैन-संस्कृति के प्रतीकों के द्योतक ऋषभदेव, अनन्तदेव, गौतमदेव, शिखरदेव तथा कल्पतरुदास, सामलियादास, (पार्श्वनाथ के अपरनाम-साँवलिया-पारसनाथ के नाम के समकक्ष), चिन्तामणिदास (पार्श्वनाथ दास) तथा जैन की जगह ओड्-प्राकृत के जेन शब्द के प्रयोग यही बतलाते हैं कि उड़ीसावासियों के रक्त में जैन-संस्कृति की गन्ध अभी भी व्याप्त है।

बंगाल, जो कि अधिकांश माँसाहारी हो गया है किन्तु वहाँ के ***सराकों*** के विषय में तो यह उक्ति आज भी प्रसिद्ध है कि—

डोह, डूमर (गूलर) पोढो छाती।
ए चार नहीं खाए सराक जाति॥

ये सराक आजकल भी खण्डगिरि-उदयगिरि एवं जैनों के प्रसिद्ध तीर्थ सम्मेदशिखर की यात्रा करते हैं और वहाँ संगीतात्मक स्वर से अपनी यह प्रार्थना-स्तुति करते हैं[44]—

तुमि देखे जिनेन्द्र देखिल पातिक पोलाये, प्रफुल हुल काय
सिंहासन खत्र आछे चामर आछे कोटा दिव्य देह के मन आछे-
किवां शोभाय कोटा (तुमि.)
क्रोध मान माया लोभ मझे किछु नाहीं रागद्वेश मोह नाँहि एमन-
गुसाई (तुमि.)

के मन शांतिमूर्ति बटे, बोले सकल भाया केवलीर मुद्रा
एखन-सक्खात देखाय (तुमि)
ओर-देवर सेवा हते संसार वाढ़ाय पारसनाथ दरश हते
मुक्ति पद पाय (तुमि.)
काहा केउ ना डाके प्रभु वाटन (रत्न) देवय (देय)
मुनीश करे कथा—
किंवा इन्द्र करे मत सेवा (तुमि.)
हासि प्रभु देखा पाय, भाग्य करे कति उग्र पुन्य-हइते
सेवक दर्शन पाति (तुमि.)

ये सभी तथ्य इस बात के प्रमाण हैं कि केवल उड़ीसा प्रदेश ही नहीं, बल्कि उससे प्रभावित आसपास के प्रदेश भी प्राचीन काल से ही जैन-धर्म के अनुयायी और जैन संस्कृति के पोषक एवं संरक्षक थे।

सन्दर्भ सूची

1. महाभारत—आदि पर्व 1/31.
2. वही.—भीष्म पर्व 50/47.
3. वही.—वन पर्व 65/44-46.
4. वही.—आदि पर्व 95/79.
5. प्रमुख ऐतिहासिक जैन पुरुप एवं महिलाएँ पृ. 348 (डॉ. ज्योतिप्रसाद जैन).
6. वही.
7. वही. पृ. 349.
8. ......कुरु काशी कालिंगांगबंग सुहुमा...... आदिपुराण 16/152.
9. अभिधान राजेन्द्र "उ" प्रकरण पृ. 1129—कलिंग—ऋपभदेव का 26वाँ पुत्र.
10. उड़ीसा में जैनधर्म (डॉ. लक्ष्मीनारायण साहू).
11. वही. पृ. 19.
12. गीता रहस्य की भूमिका—लोकमान्य बाल गंगाधर तिलक (दे. उड़ीसा में जैनधर्म, पृ. 19).
13. *Indian Philosophy*, Vol. I
14. प्रमुख ऐतिहासिक जैन पुरुप एवं महिलाएँ, पृ. 53.
15. उड़ीसा में जैनधर्म, पृ. 30.
16. अट्ठत्तरि अहियाए बे-सद परिमाण वास अदिरित्ते।
    पास जिणुप्पत्तीदो उप्पत्ती वड्ढमाणस्स... ॥ (तिलोय.-2/584).
17. प्रमुख ऐतिहासिक जैन पुरुष एवं महिलाएँ, पृ. 53.
18. ततो भगवं तोसलिं गओ.... तत्थ सुमागहो नाम रट्ठओ पिययत्तो भगवओ सो मोएइ ततो सामी मोसलिगओ। (आवश्यक सूत्र (आगनमोदय समिति) पृ. 219-20).

19. उत्तरध्ययनसूत्र, पृ. 21.
20. *Indian Antiquary*—1956 पृ. 145 (डॉ. सिलवेन लेवी का शोध निबन्ध).
21. करकंड कलिंगेसु पांचालेसु च दुम्महो।
नमी राया विदेहेसु गंधारेसु य नग्गओ॥
एए नरिंद वसभा निक्खंता जिणसा।
पुत्ते रज्जे उवित्ताणं सामण्णे पुज्जुवट्ठिया॥ —(उत्तराध्ययन सुत्त, 14/46-47)
22. अढवसअभिसित्तस्स देवानंपियसा पियदसिने लाजिने कलिंग विजिता विअढ मत्तेमाते प्रणसत सहस्रे तत बहुतववके व से ततो अपवढे सत सहसमते
वाभनेसु आजीविकेसु निगंठेसु समणेसु—(अशोक सं. 13)
23-24. अशोक—सप्तम स्तम्भलेख. पं. सं. 7-9.
25-26. वहसतिमित्त पादे वंदापयति। नंदराज नीतं च कलिंग-जिन संनिवेसे पूजयति कोसात गह रतनानि पडिहारे हि अंग मगधं वसुं च नेयाति—(हाथी गुम्फा, पं. 12)
27. J. B. B. R. A. S. p. 320 (दे. उड़ीसा में जैन धर्म)
28. ....एदेसुं चेत्तदुमा भावण चेत्तदुमा य सारिच्छा
चउसु दिसासुं चउ चउ जिणणाह...
चेत्ततरुणं भूले पत्तेयं पड़िदिसम्हि पंचमेव। (तिलोय. 3/232 तथा त्रिलोकसार 21).
29-30. ..... दखिन दिसं मंदं च अवराज निवेसिंदं ......तमिर दह संघातं—(हाथीगुम्फा. पंक्ति)
31. तमिलानाडु का जैन इतिहास—पं. मल्लिनाथ शास्त्री, बम्बई 1995) पृ. 51.
32. गधव्व वेद धोदपनतगीत वादित संदंसनाहि उसव समाज कारापनाहि, हाथीगुम्फा. 5वीं पंक्ति
33. ......ततो लेख रूप गणना ववहार विधि विसारदेन .....वही. पं. स. 2
34-35. घातापयिता राजगह न पंपीडयति एति पंच कंमपदान पनादेन संविनसेन वाहनें..... मधुरं आपयोतो.... कपरुख हय गज रथा संहयंते सव धरावास...... ? हाथीगुम्फा पंक्ति 8-9
36-37 निमंतितेन राजा सिरि खारवेलेन सुकत समण सुविहितानंम च सव दिसानं णाणिणं तवसि-इसिनं संघयनं अरहत निसीदिया समीवे पाभारे ..... ।—(हाथीगुम्फा पंक्ति 15)
38-39. उड़ीसा में जैनधर्म. पृ. 36
40. *वही.*
41. *वही,* पृ. 87.
42. *वही,* पृ. 91.
43. इस विषय में विस्तृत जानकारी के लिए कूपलैण्ड, वेंगलर, डाल्टन एवं टिंकल की समय-समय पर लिखी टिप्पणियों तथा गेट सेंसर्स रिपोर्ट्स, रायल एशियाटिक सोसाइटी, बंगाल (1868 ई.) जर्नल एशियाटिक (1840 ई.) सं. 696 तथा पी. सी. रॉय चौधरी के लेख पढ़ना चाहिए।
44. बंगाल का आदिधर्म, पी. सी. सेन (बम्बई, 1955).

Jain Shrines in Magadh Region

M. K. Sharan

3

Like Buddhism, Jainism owes much to Magadha. Unlike the former, however, it later shifted its fulcrum away from its intellectual homeland. But we must remember that many of the Jain *Tīrthaṅkaras* flourished in this land which was also the chief scene of *Mahāvīra's* activities. Not only *Mahāvira* but a number of other *Tīrthaṅkaras* also were closely associated with Magadha. *Ṛṣabhadeva*, the first *Tīrthaṅkara*, is said to have come from the *Kailāsha* hill to preach in Magadha. The sixteenth *Tīrthaṅkara*, *Śītalanātha*, is said to have been born on the Kuluha hill on the southern boundary of Gaya district. *Munisuvrata*, the twentieth *Tīrthaṅkara* was born at *Rājagriha*. Three noted Jaina *munis*, namely *Gautama Gaṇadhara*, *Sudharmā Svāmī* and *Jambu Svāmī* achieved their *Nirvāṇa* at *Rajagriha*. The twenty-third and the only other *Tīrthaṅkara* besides *Mahāvīra*, having a historical personality, though born as the son of king *Aśvasena* of *Vārāṇasī*, is believed to have spent most of his life preaching his faith in Magadha eventually attaining *Nirvāṇa* on the *Pārasanāth* hill only about a hundred miles away from Gaya.[1] Magadha, is studded with spots which are regarded as greatly sanctified by the Jainas all over India. *Jinaprabhāsūri*, the fourteenth century Jain author of the *Vṛdhatīrtha Kalpa*, mentions *Vaibhāragiri*, *Rājagṛha*, *Pawa* and *Pāṭaliputra* as Jain centres of pilgrimage in Magadha. Other notable Jain spots were *Gunawā* and the *Kuluha* hill.

Pātaliputra

Pātaliputra, the later capital of the Imperial Magadha, is important owing to the fact that a council was summoned here by *Sthūlabhadra* in order to cononize the sacred literature.[2] Some scholars are of the view that it was the birth place of *Jinasena,* the author of the *Padmapurāṇa.* Its sanctity as a *Shrine* is mentioned, besides the *Vividha Tīrthakalpa*, in works like the *Tīrthamalachaityavandanā* and *Ashtottaratir-īrthamālachaityavandanā.*[3] Moreover, Paṭaliputra also played a significant role in the growth of Jainism. *Mahavīra* must have travelled frequently through *Pāṭaliputra*, which was a very important centre of Jainism in Ancient India. A good deal of ancient Jain literature was preserved in Patna, from where it was copied subsequently by Jain scholars from all over India. Patna was the birth-place of *Jīnasena*, who wrote the *Mahāpurāṇa* which contained sixty thousand *ślokas*. For the first time the great council of Jainism was also held at *Pātaliputra*. At present in Patna there are two highly sacred Jain shrines, which attract Jain pilgrims every year from all over India. Near Gulzarbagh Railway station there are the twin temples dedicated to illustrious Jain saints *Sthūlabhadra* and *Sudarshana* both believed to have attained their *Nirvāṇa* at this very place. Another Jain place of pilgrimage in Patna is the Agam Kuan, the well in which, according to Jain legend, *Muni Sudarśana* had once been thrown by the order of the king, only to come out of it unscathed.

Rājagṛha

Rājagṛha is one of the holiest shrine of the Jains. On attaining *Kaivalya Jñāna*, Mahāvira delivered his first sermon, *(deśanā)* to his chief disciple Gautama on the top of *Vipulāchala* at *Rājagṛha*. He spent fourteen of the forty-two remaining rainy seasons of his life at *Rājagṛha*. According to *Jinaprabhāsūri* we know that *Rājagṛha* was the birth place of the twentieth *Tirthaṅkara*. Out of his twelve chief disciples eleven died at the old Magadha capital. At *Rājagṛha* and *Nālandā, Mahāvīra* found rich householders like *Vijaya, Ānanda, Sudarśana* and *Bahula* as his disciples. The name of king *Śreṇika* occurs on the pedestal of a Jain image ascribed to the *Kuṣāṇa* age.[4] In the words of Prof. Chittranjan Sinha— "*Rājagṛha* has been so intimately associated with Jainism all through, that it is hardly surprising that the place is full of Jain relics and objects of worship." Among these may be listed first the *Sonabhadra* cave, which General Cunningham had erroneously identified with the *Saptaparṇi* Cave, where the first Great Buddhist Council was held. Modern scholars are now unanimous in ascribing it to Jain *Muni Bhairava Deva,* who installed in it images of the *Arhats* or Jain *Tīrthaṅkaras.* This is proved by a *Sanskrit* inscription of two lines of the 3rd or 4th cent. B.C. on the right side of the entrance to the cave, testifying that *Muni Bhairava Deva* had set up the two caves worthy of ascetics and placed the images of *Arhats* in them.

Mainyarmath is the next sacred spot of Jains at *Rājagṛha.* Another very ancient image of *Śri Pārśvanāth* has been found in a cave on the *Udadyagiri*, hill here."[5]

To crown them all is the just completed, *Samvasaraṇa* temple atop the *Vipulāchal* at *Rājagṛha* the consecration of which has inspired the publication of *Magadh : Jain Samskṛtikā Mūlakṣetra.* This temple, built to commemorate the sacred event of the delivery of the first sermon *(Deśana)*, at this place by Lord *Mahāvīra*, after the attainment of *Jñāna* to his disciple *Gautama Gaṇadhara.* It presents the blending of classical style with modern technique.

Nālandā

Nālandā's sanctity for the Jains is owing to its association with *Mahāvīra* himself. The *Nataputta* spent the second year of his *Śramaṇa* life here. At this place also lived *Dighatapasse*, a hermit and two affluent Jain house-holders named *Upāli* and *Lepa. Kottage* and *Paṇiva-bhūmi* are the two spots in the

Nālandā region known for memories of *Mahāvira.* It was at *Kottaga*, on the testimony of the *Bhāgavati Sūtra* [6] that the *Tirthaṅkara* visited the *Brāhmaṇa Bahula.* Paniva-*bhūmi* not far from Kottaga is sanctified by the event of *Mahāvira* accepting *Makkhali Gosala* as his disciple.[7] Another holy spot in *Nālandā* was *Guṇa-Śelachaitya* whose sanctity continued till at last the days of the composition of the *Uvāsagadasāo*[8] and the *Vividha-tirthakalpa.* B.C. Law has identified it with the *Kalasita* in the *Isigili* hill. Apparently the Buddhists had to share the mountain with the Jain in the life-time of the Buddha. We also learn that the *Śākyamuni* had seen the *Nirgranthas* performing penance here in a standing posture.

Pāwāpuri

Another holy *shrine* is *Pāwāpuri* where *Mahāvira* attained *Nirvāṇa* i.e. freedom from the cycle of birth and death in about 490 B. C. at the age of seventy two. This *Pāwāpuri* is not far away from *Rājagṛha.* Situated at a distance of seven miles from Biharsharif and three miles north of *Giriyak* today it is the most popular Jain shrine in Magadha.

Gunawā

This sacred place of the Jains falls in the Nawada district and was probably known in ancient time as *Guṇagrāma.* It is about two miles away from Nawada railway station. It is famous as the place where *Gautama Gaṇadhara*—the chief disciple of *Mahāviira* practised penance. In the temple, however, is installed a staute of *Tirthankara Kunthunātha* in *padmāsana mudrā.* Relics of its old glory are still extant there. There is an image of *Vasupujyaya* in the *Digambara* temple there which was installed in 1211 A. D. There is another image of *Kunthu-nāth* of V. S. 1268. There are also images of *Vāsupūjya* and *Mahāvira* in the *Śvetambara Jala-mandira* here.

Aurangabad

Aurangabad, now a district in Magadh division, also holds a number of Jain relics. On the *Pachar* Hill cave, there is a large statue of *Pārśvanāth*, alongwith a few other smaller ones of other *Tīrthaṅkaras*. The existence of an isolated Jain sanctuary in this locality recalls the great influence of Jainism in Bihar at one time.

Rafiganj

On the *Srawak* hill about three miles from Rafiganj railway station there is a cave housing a beautiful figure of *Pārśvanāth* in *Padmāsan Mudrā*.

Kuluha-Hill

The *Kuluha*-Hill in Hazaribagh district now in Chatra district associated with Śaktism and Buddhism is also a sacred spot for the Jains. It is believed to be the birth place of *Tīrthaṅkara Śītalanāth*. On the southern side of the hill in a small grolto 4' × 3' is located the image of *Tīrthaṅkara Pārśvanāth* in *Padmāsana mudrā* with the usual hood of a seven-headed serpent. The discovery of this Jain shrine was made by Dr. M. A. Stein in 1901.[9] The Jain Samaj of Gaya has lately been involved in the development of this place of pilgrimage. At the foot of the hill, a *dharmaśālā* has been erected by the Jain Samaj of Gaya.

Gaya

Gaya is one of the great places of pilgrimage in India and has special sanctity in the eyes of the Jains. A number of Jain relics have been found in this region also. A statue mounting a horse was discovered on the *Brahmayoni* hill, which General Cunningham has rightly identified to be that of the third *Tīrthaṅkara Saṃbhavanāth*. About nineteen miles north of Gaya are the famous *Barabar* Caves, which though traditionally associated with the *Ājivaka* saints, intimately connected with Jainism must also have held Jain relics, which king *Khāravela* of *Kalinga* is reported to have carried away during his second expedition to Magadha.

In Gaya town we also see an ancient Jain temple which was constructed at the time of Raja Man Singh who was then sent by Akbar the *Moghul* King to Bihar as Governor. A Digambara Jain *Śrāvaka* who came with Rājā Man Singh settled in Gaya and built this temple. We find *Samvat* 1548 engraved on the wall of the temple and we also find several images of that time. The Jains are living here from before his arrival to this place as we find the image of *Ajitanāth*. Moreover, an inscription in *Pali* language is still available here.

References

1. Sinha, Chittaranjan, Magadh—Its heritage to Jainism published in the *Magadh : Jain Samskṛti Kā Mula Kṣetra*, published on the occasion of the consecration of Samavusaraṇ temlple on Vipulāchala on the 12th April, 1986.
2. Stevenson, *Heart of Jainism*, p. 72.
3. Roy Choudhary, P. C., *Jainism in Bihar*, 1956, p. 86.
4. *Journal of the Bihar Research Society*, Vol. XX, p. 90.
5. Sinha, Chittaranjan, *op. cit.*
6. XV, 541
7. *Journal of the Deptt. of Letters*, Vol. II, pp. 58-59.
8. *Ibid.*
9. Sinha, Chittaranjan, *op. cit.*

Precious Thoughts of Upadhyaya Amar Muni

4

K.D. Tiwary

Truth

- Truth is the golden thread of thinking.
- Being free from bias, it is desirable to think, understand and re-think impartially, aiming at truth.
- Truth cannot be realised by biased and deformed sight.
- Truth does not lie in dogmatic 'only' but in liberal 'also'.
- Truth is to be found neither in antiquity nor in modernity, but in propriety.
- Greed is the greatest enemy of truth.
- The bed of a truth-searcher is a bed of thorns.
- For the realisation of truth, it is always desirable to think independently of tradition.
- Truth needs free and healthy thinking.
- The pure and life-saving streams of goodwill spring from indivisible truth.
- The search for truth is the greatest thirst of life.
- Truth must have the sound of conch-shell.
- Truth is groping in the dark streets today; it is being neglected.
- Truth was once a God who is now dead, but no condolence is held on His death.

Non-Violence

- Non-violence of Mahaveer is not a slogan; it is a heavenly thought-consciousness.
- Non-violence is the only *Mahāvrata* (Great Vow) in which truth and others converge.
- Non-violence is the inexhaustible nectar-fountain of metaphysical consciousness.
- Non-violence is the inner Ganga of human heart whose currents cannot be numbered.
- Non-violence has now left the practical life and taken shelter in the interesting speeches of the people.
- Non-violence is fundamentally a pure and good thought based upon consciousness.
- Non-violence should not be a passive principle of life, it should be active and lively.
- Non-violence is the first step of *Sādhanā.*
- Non-violence is lifeless without having been carried to the mental plane.
- Unity of thought is the root of non-violence.
- The presence of wonderful *Karuṇa* in a sensitive heart is the mother of non-violence.
- Non-violence does not live in the utterance of pity and *karunṇā* but in their execution.
- Character is the fundamental principle of non-violence.

Religion

- He who thinks that only those books which teach us the theory of worklessness are religious, is worse than an animal.
- Religion is the other name of soul; it has nothing to do with outward show or *karma-kāṇḍa.*
- Customs are not fundamentally religion; they are contemporary factors of a society.

- Religion is a living force; it is the ever-burning light of our life which enlightens every atom of our existence.
- Religion cannot be seen by the eyes of others; it is seen by one's own eyes of thought.
- Religion exists not in worklessness but in work.
- Religion is not a *pantha*; it is a way of life.
- 'To fight and finish tyranny' is religion.
- Religion is smokeless and pure light of self-consciousness.
- The work which elevates and sublimates life, is religion.
- A well-thought step taken after weighing it by super-senses is religion.
- The fragrance of religion comes out from within, not from without.
- Religion sees within; *sampradāya* sees out.
- Religion knows the language of world-friendship; there is no otherness there.
- Religion is light. How can darkness exist there?
- Religion expands life; narrowness contracts it.
- The good of mankind does not lie in secularism; it lies in freedom from narrowness.
- Religion is the flicker of light; there is no difference in it.
- Religion is light; *sampradāya* is a lamp.
- Narrow-mindedness is the greatest curse in the field of religion.
- Religion has no connection with ego.
- Now religion has lost its soul, ignorant men are carrying on its dead rituals.
- Religion removes the cover of perversions covering the light of the soul.
- Religion lies in philosophy, not in propaganda.

- Religion keeps one controlled, even in the midst of the currents of *Kaṣayas*.
- Religion utilizes the powers gained at the right time.
- Religion turns the inverted human life upwards.
- Religion depends on the light of work.
- Religion is the nature of the soul. It lives in the soul, not out of it.
- Religion may follow tradition but the latter cannot override the former.[1]
- The root of happiness is religion.

Benevolence

- Wishing the welfare of others is benevolence.
- Verbally teaching others about welfare is benevolence.
- Physically helping others is benevolence.
- Removing by means of wealth miseries of others is benevolence.
- Satisfying the hungry and the thirsty is benevolence.
- Guiding a straying person is benevolence.
- Imparting or causing to impart knowledge to an ignorant person is benevolence.
- Opening schools etc., the means of imparting knowledge, is benevolence.
- Co-operating gladly in works of public welfare is benevolence.
- Without benevolence life is useless.
- Without benevolence day is useless.
- Where there is no benevolence, there is no humanity.
- Where there is no benevolence, there is no religion.
- The root of benevolence is the soft-heart.
- The fruit of benevolence is universal fearlessness.

- If you have to do a benevolent act tomorrow, do it today.
- If you have to do a benevolent act today do it now.
- Even without wealth benevolence is possible.
- But without intention benevolence is not possible.
- Love of wealth hinders benevolence.
- Love of body hinders benevolence.
- They are fools who for perfom benevolent act wait to become wealthy.
- They are fools who performing benevolent act expecting return.
- They are fools who performm benevolent act without love and affection.

Violence

- Torturing any living being is violence.
- Telling a lie or speaking harshly is violence.
- Being arrogant and decietul is violence.
- Back-biting is violence.
- Not having affection and good feeling for the youngers is violence.
- Wishing ill of anyone is violence.
- Weeping and wailing in sorrow is violence.
- Strutting with ego in happiness is violence.
- Calumniating or speaking ill of anyone is violence.
- Not doing one's duty at the right moment is violence.
- Abusing is violence.
- Boasting is violence.
- Slandering anyone is violence.
- Cutting vulgar jokes at anyone is violence.
- Concealing truth with bad intention is violence.

- Being happy at the sight of atrocities is violence.
- Not checking crime, when capable, is violence.
- Remaining idle owing to sloth and indolence is violence.
- Avoiding to do noble work even when there is an opportunity, is violence.
- Eating alone without distributing is violence.
- Being slave of senses is violence.
- Unearthing quarrel is violence.
- Publisting the secrets of others is violence.
- Treating any body as low and untouchable is violence.
- Not serving even when capable is violence.[2]

References

1. Culled from *'Chintanake jharokhe se'* —Upadhyaya Amar Muni
2. *Jainava Ki Jhāmki*—Upadhyaya Amar Muni

Search for True Bliss

Vidyā

5

The main basis of the management of this vast universe is *Sat,* existence. Though its manifold important parts have been known by means of man's wisdom, yet the inquisitive mind of man has yet been neither able to properly reveal the limitless secrets of the world nor precisely measure its enormous powers. From the time immemorial, man has been making efforts in search of its minutest limits and in the direction of knowing its unknown and bottomless depths. Accepting it as a fully unknowable secret or treating it as an unnecessary delusion he has never kept quiet. The process of search has ever been going on. In the assiduity of knowing this vast unknown world foot-steps of science have been constantly proceeding ahead and its has also succeeded in revealing manifold surprising secrets from the fold of secrecy, yet it could not be said conclusively that this revealed map of the world is final. Really the world is a riddle for the common people; though solved a number of times, yet remains unsolved.

Though the world even today may be a riddle for a common man, yet Indian philosophy has rightly solved it. It says that there are two basic forms of the existence in the world : sentient and insentient. The sentient part of the existence is sensitive and is in the form of experience. But the insentient part is absolutely devoid of the said power. This is why the most of the tendencies of the sentient beings are predetermined and based on reasons. In the act of this determination and in respect of its utility, the sentient being is independent. But the inert is absolutely insentient, is devoid of sentiency. So the insentient ever acts without determining any cause or aim.

In the action and tendency of a sentient being there lies hidden some reason. Accepting it as its definite aim the sentient being moves in that direction. The aim behind the action of a sentient being is to get bliss. All beings desire bliss and happiness. The sentient being from the time immemorial has been searching for bliss, which alone is his ultimate aim to be achieved. A sentient being during the endless journey of his life has been experiencing innumerable physical and mental pleasures of body and mind, enjoying material amenities and has also been entangling in them and going astray. In delusion of regarding them as his ultimate aim he has been becoming satisfied. This bliss is not only momentary but also the cause of sorrow. It is like an empoisoned ball-shaped sweet. So enlightened sentient being looking ahead steps forward in search of eternal and true bliss. This very search for true and eternal bliss has proved the existence of deliverance and given us thorough knowledge of the limitless and blissful life, beyond the traditional, visible worldly life.

The insentient has no such search to its credit. Its activity is totally aimless even for itself, whereas the activity of a sentient being has an aim. In the direction of analysing this supreme aim and the way it can be achieved, man has been making efforts for the past thousands of years. These very efforts of a sentient being is that philosophy which is technically called 'spirituality'. As soon as it reaches the steady state the imperishable and incessant current of innate bliss springs forth in the heart of the *Sādhaka.**

Gross visible matters can be easily comprehended; their existence and strength can also be easily surmised. But it is not so in the case of consciousness. It is highly subtle and obscure. In the language of philosophy it is smaller than atom; subtler than the subtle, rather subtlest. Temporal means such as sense-organs and the mind etc, which a common man possesses are quite insignificant and limited for metaphysical thinking. They are incomplete and incapable of making true

* Way farer on the path of austerity

assessment of the real nature of the truth. Consciousness is formless and the sense-organs can see only things with form; so by means of sense-organs and the mind, the clear knowledge of consciousness cannot be had. How can a man swimming on the outer surface of the sea ascertain its depth? The *sādhakas* who faithfully move forward on the path of *sādhanā* look inwards, not only get simple knowledge of consciousness but have its direct experience and delve deep into its depth. They alone can get clear vision of the real nature of consciousness. This direct experience in public welfare often adopts the form of verbal expression. This verbal testimony in proportion to its originality and competency presents before us the true and sufficient explanation of consciousness.

In the present context it is essential to understand one thing. It is right that personal direct experience of the great souls who have directly seen the truth, is in the form of scriptures sufficiently useful for the ordinary *Sādhaka* in showing them the right path. But their usefulness is limited. The tendency of the *Sādhaka* to depend much on oral testimony renders him crippled. With the help of a crutch anyhow movement is possible but no progress. The knowledge of the real truth worth attaining cannot be known on the basis of a few waves of hypothesis or ripples of feelings rising in the sea of the mind of others through the words of others. The truth can be directly realised by one's own experiences, not by those of others. Things seen through the eye of others cannot give knowledge to a man; things tasted by others can not give the knowledge of its taste.

There is vast difference between the direct and the indirect knowledge. A thing seen through the eyes of others, though highly divine, gives only indirect knowledge to us. Only the knowledge gained by one's own passionless and pure eyes is direct knowledge. True knowledge is awakened through self-experience only. Dependence on others is the characteristics of animal instinct, a kind of mental slavery, a kind of alms.

There is difference between earning and alms. Knowledge is not to be begged but is to be earned. Verbal testimony based on the experience of others gives light and guidance only upto a particular stage, the path ahead is to be covered only by means of our own experience. The natural internal process for awakening personal experience is said to be the best among all the types of knowledge.

As soon as the *Sādhaka* advances even a bit in the direction of knowing the nature of consciousness, then from the different behaviours of his life a pure current of innate and direct experience starts flowing. *Sādhaka's* own experience is neither illusion nor delusion. To say that the personal experiences of the *sādhaka* are not true is a misnomer. Light is not imported from outside, but emerges in the heart of the *sādhaka* itself. In every sentient being the current of experience, like the underground flow of Sarasvatī, is continuously flowing from the beginningless time. The spiritual practice enables him to have direct knowledge in place of indirect one, and this purifies and turns him towards the innate bliss.

Religion, philosophy and spirituality are generally used as synonyms but their original meanings are different. Not only their meanings but also their fields are different.

Religion is related to established rules of conduct. Formerly religion was related to both the internal as well as the external rules of conduct and thus spirituality was an internal form of religion itself. So in ancient Jain works two forms of religion have been mentioned; faith and behaviour. Faith is the pure experience and attainment of internal self whereas behaviour relates to external rituals-prescriptive and prohibitive set of rules regarding external bahaviour. Faith is the truth unobstructed by time and place present, past and future. It is quite different from the changing conditions of place and time and is eternal and universal. But the behaviour based on external practices and concepts changes according to the place and time and so is not eternal and universal.

Since long religion, leaving its inward nature has adopted outward nature. Today religion means only the set of prescriptive and prohibitive rules of external behaviour of the different sects. While explaining religion generally men belonging to different sects and schools present only their traditional prescriptive and prohibitive religious rites and on their basis try to establish their own superiority. So the thinkers of today treat religion only as particular traditional practices and thought, nothing more than this.

The meaning of philosophy is thorough examination and investigation of the truth. Beings and the world are a riddle and the aim of philosophy is to unravel it. Philosophy unravels the mysteries regarding *Prakṛti* and *Puruṣa*, this as well as the other world, soul and the supreme soul, the seen and the unseen. It presents a correct evaluation of the truth and the reality. Philosophy is that divine vision which piercing the thick coverings of all the new and old principles reveals the real form of the truth. Without philosophy religion is blind. Uneven turnings of the path, deep ditches, dangerous bushes and brambles all around may swallow the blind traveller any where on his way.

Spirituality forming an internal part of religion itself, is the perfect form of life's purity. It searches the true basis of man's experience and purifies and refines it. Self has forgotten itself, spirituality demolishes his oblivion. Spirituality destroys this deep darkness and illuminates the divine light of the recollection of its true and original form. Spirituality awakens the godhood lying dormant inside and brings it into light. Removing the dirty layers of the covers of passion, malice, lust, anger, arrogance, greed and delusion it leads the *sādhaka* to his pure self and reveals to him his inner self. Spirituality originates from the deep inquest for knowing and attaining the self and in the end its consummation lies in getting complete knowledge of self and fully attaining it.

Spirituality is not indiscreet superstition and blind following to the principles of any particular sect or cult. It does not lie in following a few traditional rules of morality. Neither is it an exhibition of particular rites and prescriptive and prohibitive rules nor a form of any particular system of a country, a religion or a society which change according to the place and the time. It is an internal experience which fills the life with true and eternal innate bliss. It is such a process as frees the life from the fetters of auspiciousness and inauspiciousness and saves the power of self from disintegration. Spirituality is infallible medicine for turning the inauspicious power of life into pure state and a successful means of awakening the inner dormant power. Its aim is to reveal the endless truth of the eternal and pure life. Spirituality is not a black dreamy ideal. It is that living reality of life which smoothen the grand path of concentrating 'self' on 'self' and absorbing 'own' into 'own'.

Spirituality has been given a separate state from religion because today's religion, gone stray in the forest of external behaviours, has become meaningless. But spirituality is even now following its definite path. Behaviour is outwardly inclined but determination is inwardly inclined towards self. Self is the essence of spirituality. Knowing and achieving this pure form of consciousness is its main aim. So the life of spirituality has a highly positive existence. Spirituality is the means of indicating the direction of permanent value of life. Irrespective of any consideration for group, colour, caste and country it is founded on the single indivisible and perfect truth. Actually spirituality is that wide open gate which discovers the great truth of the internal intuition of the whole humanity. It is ever open for all at all places only entry into it with free mind is required.

Akbar and the Jain Munis

C.M. Agrawal

6

During his boyhood and early youth, Akbar was an orthodox Sunni.[1] As this did not fully satisfy him he turned to Shiaism. When this, too, failed to quench his thirst for the search of truth he bent towards Sufism. Being highly inquisitive about religious matters he later on associated himself with religious men of diverse creeds wherever they could be found. His comparative study of various faiths in a scientific manner led him to the conclusion that there was truth in every religion and in all of them there were pious men and right thinkers.[2] Eventually he acted in such a manner that members of every faith thought that he was one of them. It was owing to his liberal religious views that he discussed difficult topics of philosophy and religion with the great scholars belonging to different religions.

In the sixteenth century, Agra was a great centre of Jainism. So Akbar got several opportunities to come into contact with Jain scholars in his boyhood and youth. It was at Agra that he came in contact with the Jain *munis* and laymen (*Śrāvakas*). His marriage with the daughter of Bharmal of Amber and his regular pilgrimages to Khwaja Muinuddin Chisti's shrine at Ajmer proved instrumental in bringing him into contact with the Jain scholars of Rajasthan. The first Jain scholar who happened to be present in the court of Akbar was Buddhi Sagar of *Tapa-gachha* sect. In 1568 there came into Akbar's contact another Jain scholar, Sadhu Kirti, of *Khartar-gachha* sect. He was the disciple of a great Jain saint and scholar

Daya Kalash. Buddhi Sagar and Sadhu Kirti organised a scholarly religious disputation at Agra which was very much relished and appreciated by Akbar. A third Jain teacher to have come into contact with Akbar was Padma Sundar of *Tapa-gachha* sect. He too, was a great scholar of Jain philosophy and so made a favourable and deep impression on the inquisitive mind of Akbar.

When in 1575-76 Akbar established *Ibādat Khānā* and threw open its doors to non-Muslim scholars in 1578, he admitted Jain scholars also into its fold. Abul Fazl refers to the presence of *Śwetāmbara* Jains and Jain hermits during the discussions of important religious matters there.[3] In the course of discussions carried on at the *Ibādat Khānā* the Jain scholars impressed Akbar so much that he sent an invitation to Hira Vijaya Suri,[4] the most celebrated Jain Muni of his time and the supreme head of the *Śwetāmbarā* Jain sect. He asked the Governor of Gujrat to request the Jain *Āchārya* to accept his invitation.[5] Hira Vijaya Suri, who was then at Gandhar[6] accepted the royal invitation hoping that his visit to the royal court would be beneficial for the Jains as well as the Jain religion. Under imperial orders vast provisions were made for his journey, but he refused to accept all these and travelled on foot preaching and meeting public on his way to Agra.[7] On June 7, 1583 Hira Vijaya Suri reached Fatehpur Sikri with a band of sixty seven monks. He was honourably taken in a procession to the Jain Convent in the town. Then he met Abul Fazl, who escorted him to the Imperial court and introduced him to Akbar there. Akbar was very much impressed with Hira Vijaya Suri's saintliness and deep knowledge. Hira Vijaya stayed at the court for two years. In the meantime he visited Mathura and Gwalior to spread Jainism there. When he returned to Fatehpur Sikri he had frequent meetings with Akbar during which he acquainted him with the first hand knowledge of the doctrines of Jain religion and philosophy. Akbar being extremely impressed by his personality, character, learning and saintliness, awarded him the most coveted title of *Jagad guru*.[8] When requested by Akbar to ask for a boon he only asked him to have compassion for the living beings and observe the principle of non-injury in respect of them. Akbar gladly acceded to his request and released many prisoners and also issued *firmans* prohibiting animal-slaughter for twelve days every year during the Jain festival of *Paryuṣaṇa*. In six out of the twelve provinces of his empire, where the Jains resided, he prohibited animal slaughter on such other days as were regarded holy by the Jains.[9] He also confirmed the abolition of *jaziya* and pilgrims-tax for the Jains in Gujarat and Kathiawar where they were in majority.[10]

Even after the return of Hira Vijaya Suri to Gujarat towards the end of 1585, Akbar did not sever his relations with him but maintained his contact with him through his disciples, who resided at his court or came to him on religious mission. Among the resident disciples Shanti Chandra and Bhanu Chandra were important. Shanti Chandra stayed on with Akbar after his *Guru's* departure to Gujarat. A Sanskrit poem written by him narrates Akbar's pious actions which he had performed under the influence of Hira Vijaya Suri.[11] After two years at the Mughal court he left for Gujarat to join his guru. Bhanu Chandra who lived at the court of Akbar from 1587 to 1605 held free and frequent religious discussions with him and wielded so much influence on him that his position at the Mughal court was considered analogous to those of Aquaviva of the first Christian mission and the Jerome Xavier of the third one. It was at his initiative that the *firman's* of Akbar, dated February 16, 1590 and 1592, granting various concessions to the Jains, in the twelve provinces of the Empire, were issued.[12] He also managed to secure exemption of the tax on pilgrims to the temple to *Ādiśwara*[13] situated on the Mount Shatrunjaya in the neighbourhood of Palitana in Kathiwar. On account of his deep knowledge and great scholarship in the field of Jain scriptures, he was bestowed upon the title of *Upādyāhaya.*[14]

In 1591 Akbar through Karam Chand Bachhawat, a minister of Bikaner state, extended his invitation to Jina Chandra Suri,[15] the head of the *Khartar* sect to come to Lahore. Fifty-four years old Āchārya acceding to his request proceeded from Cambay in November 1591 and on his way passing through a number of places, he accompanied by thirty-one monks and many lay followers reached Lahore on February 14, 1592. There he was warmly received on behalf of Akbar and by the Jains and the general public of Lahore. Man Singh, his noted follower, along with Karam Chand, accorded him a magnificent reception.[16] When he was introduced to Akbar, the latter took him to his inner apartment and there listened to his learned discourses on Jain philosophy and religion. During his stay of about one year at Lahore he acquainted Akbar with the principles and true import of Jain philosophy in general and those of *khartar-gachha,* in particular. Being deeply impressed by his sound learning and saintliness Akbar issued a *firman* prohibiting animal-slaughter for seven days[17] every year throughout his empire. At the request of Karam Chand Akbar handed over to the *Āchārya* about one thousand metal images of Jain *Tīrthaṅkaras* that had been seized by Tarsun Khan at Sirohi in 1577. At the request of the *Āchārya* Akbar issued an order to Khan-i-Azam, the then Governor of Gujarat, to give protection to Jain temples and places of Jain pilgrimage there. Later on when Akbar returned from Kashmir, he in recognition of *Āchārya's* deep learning and high character bestowed on him, on February 23, 1593, the title of *Yuga-pradhāna*[18] (Lord of the Age). This pleased the Jain community, so much that this occasion was celebrated with great *eclat* by Karam Chand and the followers of the *Āchārya.* At this very time Man Singh was granted sūrihood and the title of *Jinsimbha Sūrī* was bestowed upon him.[19]

Being envious of the triumph of Jina Chandra Suri, the *Kharatar-gachha* leader, at the Mughal court, the *Tapa-gachha* pontiff Hira Vijaya Suri with a view to re-establishing the greatness of his sect in the eyes of Akbar, sent his most favourite disciple Vijaya Sen Suri[20] to the Akbar's court at Lahore.[21] On November 27, 1592 Vijaya Sen Suri along with one hundred monks left Radhpur and proceeded towards Lahore. At Ludhiana he was cordially received by Faizi along with the leaders of the Jain community. When he reached near Lahore he was taken to the capital in a grand procession. The reception accorded to him was more splendid than that given to Jina Chandra Suri. On May 31, 1593 when he entered the capital, he was warmly received by Akbar himself.[22] During his two years stay at the Mughal court he held a series of discussions with the Emperor and produced such a deep impression on him that the latter bestowed on him the title of *Kali-Saraswatī.* [23] (the Goddess of Learning of the Iron Age). He also participated in the function held for conferring the title of *Upādhāyaya* on Bhanu Chandra by Akbar.

Brāhmaṇas grew greatly envious of the influence of Jain teachers at Akbar's court and so with a view to lowering down their prestige in the eyes of Akbar they designated them atheists. But at a debate organised under the presidentship of Abul Fazl, Vijaya Sen Suri, through his sound and scholarly arguments proved that the Jain conception of God was the same as that in the *Samkhya* philosophy of the Hindus.[24]

Vijaya Sen could not stay at Akbar's court longer as he had to leave Lahore for Gujarat in the middle of 1592 in order to attend to his ailing *Guru*, Hira Vijaya Suri. While at Akbar's court he succeeded in getting issued royal orders prohibiting the catching of fish for four months in a year. While departing, Vijaya Sen left behind him at Akbar's court some prominent monks like Bhanu Chandra and Siddhi Chandra. Bhanu Chandra was master of Jain scriptures and was known as the 'Crowning Jewel of *Tapa-gachha*'. He is mentioned in the *Ain-i-Akbari* among the scholars of the reign of Akbar. Bhanu Chandra was a constant companion of Akbar till the latter's death in 1605. Siddhi Chandra wrote a number of Sanskrit works among which his *Bhanu Chandra Charitra* throws much light on some important aspects of Akbar's court-life. He also studied Persian in order to be able to study Islam and its philosophy in general. Both Bhanu Chandra and Siddhi Chandra accompanied Akbar when the latter paid his third visit to Kashmir in May 1597 and also on his expeditions to the Deccan. They were also present at the seize of Ashirgarh and later on at the time of Akbar's death at Agra. It was under their influence that Akbar after his recovery from a serious illness, gave five hundred cows to Jain monks for distribution among the needy.[25]

Jainism, particularly its doctrine of *ahimsā* (non-injury to all forms of life) had greatly influenced Akbar and had produced an abiding effect on his life. Over a period of thirty-seven years, he always had some Jain scholars at his court.[26] Owing to his close association with Hira Vijaya Suri of *Tapa-gachha* and Jina Vijaya Suri of the *Khartar-gachha* sects he had acquired an adequate knowledge of the two main schools of *Swetāmbara* Jainism. In addition to forbidding slaughter of animals for more than six months in a year, Akbar himself gave up hunting which had been his favourite pastime from his early days. He also restricted his regular non-vegetarian diet and totally abstained from taking meat for more than six months in a year.[27] Abdul Qadir Badaoni records, "During the time of these fasts His Majesty abstained altogether from meat, as a religious penance, gradually extending the several fasts during a year over six months and even more with a view to eventually discontinuing the use of meat altogether".[28] This statement of Badaoni is corroborated by Abul Fazl when he says, "If His Majesty had not the burden of the world on his shoulders, he would have at once totally abstained from meat, now it is his intention to quit it by degrees, conforming, however, a little to the spirit of the age. Now on the first day of every solar month, on Sundays, on solar and lunar eclipse, on days between two fasts, on Monday of the month of the *Rajab*, on the feast day of every solar month, during the whole month of *Farwardin*, and during the month in which his Majesty was born, viz. the month of *Aban*. Again when the number of fast days of the month of *Aban* had become equal to the number of years His Majesty had lived, some days of the month of *Azar* also were kept as fast. At present the fast extends over the whole month. These fast-days, however, from pious motives, are annually increased by at least five days".[29] Akbar himself says "Were it not for the thought of the difficulty of sustenance, I would prohibit men from eating meat. The reason, why I do not altogether abandon it myself is, that many other might willingly forgo it likewise and be thus cast into despondency". He also used to say "would that my body were so vigorous as to be of service to eaters of meat who would thus forego other animal life, or that as I cut off a piece for their nourishment, it might be replaced by another".[30] Akbar further says "From my earlier years, whenever, I ordered animal food to be cooked for me, I found it rather tasteless and cared little for it. I took this feeling to indicate a necessity for protecting the animal-life and I refrained from taking meat".[31]

Akbar himself tried to follow these and others also who wanted to please Akbar followed these ordinances. These ordinances were not obligatory but their observance depended on the sweetwill and good sense of the people.[32]

Notes and References

1. Srivastava, A.L. : *Akbar the Great,* Vol. I, p. 469.
2. Ibid.
3. Nahata, Agar Chandra and Nahata, Bhanwar Lal : *Yugpradhana Sri Jinachandra Suri,* p. 63.
4. Hira Vijaya Suri, originally named as Hiraji, was born in a Bisa Oswal family at Palanpur in Gujarat in 1526. He lost his parents when he was a child. In 1539 when he was thirteen he went to Pattan and accepted Vijaya Nandan Suri as his *guru.* In 1554 he became an *acharya* and established his *āśrama* at the town of Sirohi. In 1566 he became the *guru* and head of the *Tapa-gachha* branch of the *Śwetāmbera* Jains. His learned commentary on the *Jambudvipa-prajñapti* established him as a great scholar and saint. His fame reached to the Imperial court also (vide : Srivastava A. L. : *Akbar the Great,* Vol. I, p. 244) which aroused great curiosity in the mind of Akbar. In 1582 the latter sent an invitation to him to come to the court and acquaint him with the doctrines of Jain philosophy and religion-(vide : *Ain-i-Akbari,* Vol. I, p. 608).
5. Srivastava, A.L. : *Akbar the Great,* Vol. I, p. 244.
6. A petty seaport village at the coast of Broach.
7. Commissariat, M. S. *History of Gujarat,* Vol. II. pp. 229-30. *Jain Influence at Mughal court* (vide : *Proceedings of Indian History Congress, 1939,* Vol. II, pp. 1061-62*).*
8. Srivastava, A. L. : *Akbar the Great,* Vol. I, p. 245.
9. Commissariat, M. S. : *History of Gujarat,* Vol. II, pp. 221-32.
10. Akbar had already stopped the imposition of hated *jaziya.* But fanatic local Mughal Officers specially in distant provinces like Gujarat and Kathiawar continued collecting *jaziya.* To put an end to this malpractice Akbar revalidated the former *firman* with a view to make them effective.
11. Srivastava, A. L. : *Akbar the Great,* Vol. I, p. 246.
12. Commissariat, *History of Gujarat,* Vol. II, pp. 233-234.
13. On the walls of this temple there is engraved a long inscription in Sanskrit in which both Jain monks and Akbar have been highly praised. It also mentions the various charitable acts of Akbar that he performed under the influence of Jain saints.
14. Desai, M. D. : (ed) *Bhanu Chandra Charitra,* pp. 30-31. Commissariat, M. S : *History of Gujarat,* Vol. II, pp. 232-35.

15. Jina Chandra Suri's original name was Surtan. He was born in 1538 in an Oswal family in the village of Khelsar in the Jodhpur State. At the age of nine he left his home and became a disciple of Jina Manakhya Suri of *Khartar-gaccha.* In 1555 he became an *acharya* and took the name of Jina Chandra Suri. In addition to his being a sound scholar and a great *sadhaka* he was a widely travelled man. His main centres of activity were Jodhpur, Bikaner, Gujarat and Jaisalmer. When his fame reached Akbar, he sent him a cordial invitation (vide : Srivastava, A. L. : *Akbar the Great,* Vol. I, p. 364.
16. Srivastava, A. L. : *Akbar the Great,* Vol. I, p. 364.
17. The ninth to the fifteen of the bright half of *Ashdha.*
18. Srivastava, A.L. : *Akbar the Great,* Vol. I, p. 364.
19. Desai, M. D. (ed.) *Bhanu Chandra Charitra,* p. 31. Nahata, A. C. and Nahata B. L. : *Yug Pradhan Jina Chandra Suri,* pp. 121-25.
20. Vijaya Sen Suri, born in 1548 in a village Nadlai in Marwar, accepted monkhood in 1557 when he was nine year old. In 1572 at the age of twentyfour he became an *acharya.* He was only a scholar and saint but also an effective organiser. Under his inspiration and able supervision a number of Jain temples were built at many places in India. He was the second in dignity as well as in ability to the head of the *Tapa-gachha* sects of the Jains and later on succeeded to his *guru* Hira Vijaya Suri (vide : Srivastava, A. L. : *Akbar the Great,* Vol. I, p. 368).
21. Srivastava, A. L. : *Akbar the Great,* Vol. I, p. 368.
22. Commissariat, M. S. : *History of Gujarat,* Vol. II, pp. 236-37.
23. Srivastava, A. L. : *Akbar the Great,* Vol. I, p. 368.
24. *Indian Antiquary,* Vol. XI, p. 256. *Bhanu Chandra Charitra,* pp. 38-40. Commissariat, M. S. *History of Gujarat,* Vol. II pp. 236-37.
25. Abul Fazl : *Akbar Nama,* Vol. III, p. 713.
26. Srivastava, A. L. : *Akbar the Great,* Vol. I, p. 370.
27. Fazl, Abul : *Akbar Nama,* tr. into Eng. by H. Beveridge Vol. III, p. 332.
28. *Muntakhab-ut-Tawarikh,* Vol. II, p. 32.
29. Fazl, Abul, *Ain-i-Akbari,* Vol. I, pp. 64-65.
30. Ibid, Vol. III, pp. 445-46.
31. Ibid, p. 446.
32. Ibid, pp. 333-34.

Principle of *Aparigraha* (Non-Possession) and Vinoba's Bhoodan Movement

7

C.L. Sharma

Many religious and philosophical movements contributed their different hues to the multi-coloured canvas of the ancient culture of India. Of these, the religious and philosophical system, at present known as Jainism, was, in the time of *Pārśvanāth* or, more accurately, Mahavira, designated *nirgranthism* (*niggantha dharma*). It was known as *nirgranthism*, because it laid supreme stress on non-possession and on renunciation of the house (*āgāra*), which was considered a knot (*granthi*). It also held that the evil tendencies of attachment and hatred were the real enemies, and the act of non-violence or austerity or renunciation which fails to conquer them was spiritually futile. The promulgators of this ideal came to be regarded as *Jinas* (Victors) and their religion came to be known as Jainism. Over and above its general characteristics, ethical and philosophical, based on equality and non-violence, Jainism lays great stress upon the attitude of equality which has found expression in non-violence both in the domain of religious conduct and in that of philosophical thought. Jainism does not endorse any religious act which does not promote non-violence. It is to be noted that all the Jain religious rites, external or internal, gross or subtle, are based on non-violence.

According to Jain tradition, the scriptures embodying the knowledge of the ultimate reality are periodically revealed for the benefit of mankind by the *Tirthaṅkaras* or the *Arhats*, whose status corresponds to that of the founders of various other religions or to the concept of the *Avataras.* Born as worldly persons but through *yoga* or *tapas*, destroying the most powerful karmic bondages, they became *Tirthaṅkaras* and attain omniscience in this world. They became entirely free from wants and desires characteristics of the flesh. After achieving their own object in life *i.e.* realization of their true self and thus becoming endowed with knowledge, power and bliss of infinite magnitude, the *Arhats* or the *Tirthaṅkaras* wandered over the country propounding the *dharma* and defining the path of salvation, so that others may also have the benefit of liberation from *saṁsāra (world).*

Acharya Vinoba Bhave (1895-1982), as he is known to millions, was a trusted and faithful disciple of the late Mahatma Gandhi. For a number of years, Vinoba kept himself engaged in a great experiment at his *Āśrama* at *Paramadham*, Paunar, to reduce his monetary needs as far as possible.[1]

Vinoba had accepted the *Sarvodya* ideal of his *guru,* Gandhi, and practised it fully in life.[2] After Gandhi's assassination in 1948, ascetic and celibate Vinoba was his obvious successor.[3] But though others tried to push him to the fore, yet it was not till 1951 when he launched the Bhoodan Movement and founded his own platform for a national movement.[4]

The object of the present paper is the present paper is to provide a background to understand the principle of *Aparigraha* as the basic force behind the Bhoodan Movement of Vinoba.

Aparigraha in Jain Ethics

The most important aim of Jainism is to achieve *mokṣa* (salvation), *Samyakdarśana* (right faith), *samyakjñāna* (right knowledge) and *samyak-charitra* (right conduct), known as *Ratanatrya* (the three Jewels), together constitute the path of salvation.[5] They are wholly different from the *bhaktimārga* of the Bhagavatas *Jñānamārga* of the Vedantins, and *Karmamārga* of the *Mīmāmskas*. Unlike these religious schools which lay great emphasis either on *bhakti, jñāna* or *karma,* as means of salvation, Jainism holds that all these three must co-exist in a person, if he intends to walk along the path of salvation.

According to Jain ethics, there are two courses of moral discipline or conduct one prescribed for the householders and the other for the homeless *sanyasin*. In both the cases, the code of morals is based upon the doctrine of *Ahimsa*. The path of righteousness of *dharma* consists of the *ratnatrya*. *Dharma* would be incomplete if any one of these is wanting. Of these three, the first, *samyakdarśana* or right faith, is the basis of conduct and the important starting point in the religious life of a Jain. In order to possess an unwavering faith, the Jaina householder is expected to get rid of the three types of superstitions and the eight kinds of haughtiness or arrogance. The three types of superstitions are *loka-muḍhata, deva-mūḍhatā* and *pāṣaṇḍa-mūḍhatā*. The first refers to the general superstition among people that by bathing in the so-called sacred rivers, climbing up the hills, or walking through fire one acquires sanctity. The second refers to the belief of the people in the powers of gods and goddesses and to the propitiation of such gods and goddesses with the object of securing certain selfish ends. The third refers to devotion to certain fake ascetics and acceptance of their teaching as a gospel truth. Freedom from these three types of superstition is the primary condition of right faith. One who has the right faith must keep himself free from the eight types of arrogance. They are : arrogance of (1) possessing intelligence; (2) ability to conduct grand temple worship; (3) noble family; (4) caste; (5) physical or mental strength; (6) magical powers; (7) *tapas* or *yoga* and (8) beauty of one's person.

Ethical Code for a Householder

The householder, thus equipped with right faith and right knowledge, must observe the five vows or *vratas : ahiṁsā, satya, asteya, brahmacarya*, and *aparigraha, i.e.* he must be free from cruelty, untruth, theft, unchastity, and unnecessary luxury. They are called *aṇuvratas*, the minor code of morals of limited application. When they are applied without limitation they become *mahāvratas*, the major code of morals, which are prescribed for the *yatis* or homeless ascetics. Every householder is expected to practise these five *vratas* according to his capacity. He has to pass through eleven stages or grades of a householder's life before he can enter the life of an ascetic. So, the last vow or *vrata, aparigraha,* refers to limiting one's attachment to wealth and other wordly possessions—*parimita parigraha.* Inordinate longing for worldly goods never results in contentment and happiness. It prevents spiritual harmony and peace in life. Hence even a householder has to reduce his wants and limit his desires, if he is to pursue a spiritual career. So, the fifth vow of *aparigraha* recommends that a householder should fix, before hand, the limit of his maximum belongings and should in no case, exceed it. If he ever happens to earn more than that, he must spend it on charities, the best forms of which are distribution of medicines, spread of knowledge by distribution of religious books and support of teachers, provision for saving the lives of the people in danger and feeding the hungry and the poor.

Ethical Code for the Homeless or a Monk

The discipline for the householder is specially intended to liberate him from the domestic ties to his wife and children, to his land and wealth. After completing this period of probation, the householder is evidently expected to enter into a wider realm of activity as an ascetic *yogin*. His love and sympathy, liberated from the sphere of domestic environment, will thereafter become available for the whole living creation. He quits the house to make the whole realm of nature his abode. The *yogin* has to observe certain principles and adopt certain courses of conduct appropriate to his new surroundings. Since he has no need to associate himself with the ordinary social activities occupations, he limits his words and thoughts and refrains from indulging in useless and unnecessary activities. An ordinary person is generally a slave of emotions and his behaviour becomes characterized by harshness of speech, hastiness of movement and general excitement. But in the case of the *yogin,* who has conquered such emotions through *dhyāna* (meditation), gentleness of behaviour naturally comes. His whole discipline aims at the conquest of the environment.

Message of Jainism

The pleasures of a *god*, however great they be, must end some day. This embodies an important truth, viz, that man's heritage as man is far superior to any other riches in the world. It is this wonderful spiritual heritage of man that Nochiketac had from the Lord of Death, in preference, to the overlordship of the three worlds offered to him. It is this heritage again that Maitreyi preferred to all the accumulated wealth which was offered by her husband, *Yājñavalkya.* Again, it was to inherit this kingdom that prince Siddhārth cast away his father's kingdom as worthless and put on the medicant's robe, in preference to the royal crown. This is the message of Jainism to mankind. Be a man first and last, for the kingdom of gods belongs to the son of man.

Aparigraha in Vinoba's Bhoodan Movement

Vinoba undertook the subsequent task of freeing the Indian peasant from economic bondage. His methods remained fundamentally those of Gandhi, based on non-violence, meeting greed with sacrifice, the arrogance of power with humility, and above all meeting hatred, contempt and opposition by love. For the vast changes he wished to make, Vinoba coined the phrase 'the revolution of love'. The gifts of land were at the core of Vinoba's movement, as the land problem is at the core of India's difficulties, but they were only expressions of a deeper philosophy. Through this Bhoodan Movement Vinoba wanted to create the 'Kingdom of Kindness'. To achieve this ideal, it is first of all necessary to create a more equitable distribution of land 'looting with love' them as larger landowners and the presentation of them as gift to the landless peasants.[2] But, beyond this, Vinoba's revolution aimed specifically at the abolition of property-owning. Vinoba started *Bhoodana* (land-gift) movement in 1951 in Telangana in Hyderabad, which reached the climax of Gramdana (village-gift) by voluntary relinquishment of private ownership of land. And he thought of asking landowners to give land to the landless, saying that if they did not, the communists or the government might take it away. Thus, Bhoomidan-*yajña* was born, in bloody Telengana.

It would be worthwhile to mention here that the secret of Vinoba's success was his great spirit of universal love and renunciation. Renunciation of worldly possessions—that ideal finds its echo in every Hindu heart. Vinoba had acquired his strength through renunciation. The evolution of Bhoodana into Gramdana, and all the other 'dans' has been a natural one. Vinoba as a person was unassailable : a selfless man, dedicated to service to God's children. And India is fortunate to have produced such a man as it is wise to remember his message of love, sympathy and selfless service.

Thus, we see that Vinoba's Bhoodan Movement like the principle of *Aparigraha* of the Jain ethics stresses the need of limiting one's attachment to wealth and other worldly possessions—*parimita parigraha.* Vinoba Bhave was fully convinced in his mind that it is at all essential to create a more equitable distribution of land by 'looting with love' of the larger landowners and the presentation of their gifts to the landless peasants. Vinoba's arguments regarding the Bhoodan

Movement involve evidently a strong plea for the principle of *Aparigraha* as well as the principle of the Kingdom of God which belongs to the Son of Man. It should be noted that this is the message of Jainism to mankind. It is this same truth that is proclaimed in unmistakable terms by the Upanisadic text "*tat-tvamasi*" (Thou art That).

References

1. *Samyag-darśana-Jñāna-caritrani moksa-mārga* (*Tattvartha dhigama-sutra* of Umasvati, The Central Jain Publishing House, Arrah).
2. Vinoba Bhave, Bhoodan to Gramdan (Tanjore, 1956).
3. Vinoba Bhave, 'स्वराज शास्त्र', [सस्ता साहित्य मंडल, 1953].
4. विनोबा भावे, 'सर्वोदय के आधार', [काशी, 1956].
5. Vinoba Bhave, Bhoodan Ganga (Benaras, 1957, Volume I).

Relevance of *Karma*, Freedom and Human Destiny in Jainism

8

M.P. Chaurasia

It is not difficult to evaluate an action on the basis of any moral standard but it is hard to search it. Jainism has searched not only the sources of action but also provided us a standard of morality. Generally ethics deals with the action performed in the society[1]. Action performed outside the society or as a tendency of doing at the mental level is not the subject-matter of ethics. But whenever we talk of voluntary action as the subject-matter of ethics, its relation to psychological aspect gets self-explanatory. We act only when we are in scarcity and we have to drive it away. Desire is the root of action. When an action of an individual is ethically evaluated, intention and motive[2] are considered to be the vital issues. So, desire and motive are the fundamental facts of moral evaluation and all these facts are psychical aspects of human life. Ethical teaching of Jainism has not ignored both these aspects of human life. So its teaching is not merely a religious gospel, rather it has some relevance even today.

What are the sources of action and what are the effects of action on human life, is the scientific research of Jainism and even upto-date medical science has established it. Jainism holds that oozing of harmones from the glands are invisible, though they affect our physical body which is perceivable, because these are the component of the human body. *Karma* is not related to our physical aspect of life in the same way. But it is related to our ethereal body. Harmons of glands are of octavetouch (*aṣṭasparśī*) : these are cold, hot, smooth, hard, mild, small, long and rough. *Pudgals* or atoms of *Karma* have four *sparśa*; these are cold, hot, smooth and rough. Not all atoms are changed into action but only those which are very subtle. Only four *sparśa*-atoms transform into sphere of action. But human eyes are unable to perceive all these processes. Even no scientific instrument is able to see them. So they are invisible. In the same way we are unable to perceive the sources of our past *Karma.*

Now a question may be raised : how an invisible thing can be the cause of visible thing? In Jain philosophy the answer is based on human nature. Like stoic of Greek and Bishop Butler[3], it also follows the path of human nature. On the issue of the sources of *Karma,* Jain thinkers go very deep inside the human nature and establish the *Pravṛtti* as the root cause of action. At the very outset *Tīrthaṅkaras* have discussed ten kinds of *śaṁjñā* or *Chittavṛtti*. In the first kind four *Saṁjñās* : *āhāra, bhaya maithuna* and *Partigyraha* are mentioned. In the second four other *chittavṛttis*—anger, pride, delusion and greed are included. In the third kind Jainism puts *Loka saṁgyā* and *ogha saṁgyā*. In *āhāra saṁgyā* Jainism has included feeling of hunger which activates us to act. Fear of future tends towards earning for security. Sexual enjoyment also affects our action. If we glance over these four *chittavṛttis* we can easily find that on the issue of fear Jainism has a similar view like that of existentialists such as Soren Kierkegaard and Jean Paul Sartre[4]. In their philosophy fear is the key word. Jaina's ethical view is the same as western ethical view on the issue of hunger that scarcity compells us to act.[5]

We have mentioned that Jainism believes in cause and effect and as per this principle, *parigraha* provokes earning and from earning originates ego. Ego is the cause of anger. In this way the second originates from the first. And ego is the chief determinant of external action.

Third kind of *Sāṁjñā* is *Ogha*—that is tendency to live in hordes. Due to *lokasaṅgyā* man develops a tendency to acquire ancestral job or some specific capacity.[6] In the *Ṛgveda* prayers are available to live for hundred years.[7] So this is also an universal tendency. Now we may divide these tendencies into two parts: innate tendency and aquired tendency. Innate tendencies are: sex, hunger, fear and earning and acquired tendencies are: anger, delusion and pride.

Jainism collectively designates all the causes of action or tendencies of *Karma* under *apāyavichaya* and effects and consequences as *vipākavichaya*. There are certain things which are infinite and have no beginning, viz. darkness. There are certain things which have a beginning and an end, viz. anger. In traditional thought only three dimensions of object are discussed, e.g. length, breadth and height. But a modern scientist, Albert Einstein, has invented the fourth dimension as time which is invisible. Jain philosophy, much before, had conceived abstract as the fifth dimension. In this way, we find that regarding the nature of object Jainism has an extra-ordinary relevance even today. It is correct when it holds the principle of *anekāntavāda*.[8] An atheist like Hume also accepts animal belief (innate tendency) as the root of certain action. So, the Jain's doctrine of *Karma-śrota* is as much natural as that of Hume. If it satisfies an atheist why not other people.

Return journey into the past is possible due to time but one cannot have a perception of time. So time is invisible beyond *varṇa, rasa, gandha* and *sparśa*. *Karma* is specially related to this faculty. The oozing of harmones from glands are invisible, but they affect our body. Similarly these invisible factors are the cause of human action. *Karma* is paudgalic or chemical by nature, not craving or *Saṁskārajanya*. *Vāsanā* and *saṁskāra* originate from the knowledge and not from the *Karma*.

In the process of knowing we encounter with the Genus or universal object at the first step and later on we have *Īhā*. *Īhā* means discussion regarding the nature of conceived object- what is it? After discussion we reach the conclusion or *avāya* or certainty of knowledge that this is that object. This real knowledge of object is then transformed into the concept. So concept of an object is the fourth step of the knowing process. This is a long-term process and it is preserved in memory. This concept is nothing but *Vāsanā (Saṁskāra)*, which is preserved in memory for a long term. *Saṁskāra* is said to be *achyuti* because it never deviates from its place. Whenever individual finds a purpose, it is enlightened and comes in to memory. So the cause of memory is concept or *Vāsanā*.

According to Jainism concept and memory are neither good nor bad because they are the knowledge-entity. Knowledge is never good or bad, because it originates from the *Saṁskāra* or *Vāsanā* and these both are beyond good and bad. *Karma* is Paudgalic and its seeds are found in passion and malice. No relation is possible due to *saṁiskāra* but when passion and malice come into its background, two kinds of experience take place, affectionable and non-affectionable (ethically pleasurable and non-pleasurable). So only *prīti* and *aprīti* are sensations. From affection passionative action originates and from *aprīti* malicious action originates. Anger, pride, delusion, lure, fear, grief, hate, laughter, *vasana* are the extentions of malice. Delusion and lure are lovable because their cause is affection, whereas anger and pride are malice. But collection of more and more pride turns into lovable attitude. So delusion, lure and pride are both pleasant and painful. In this way passion and malice are only two sensations due to which Pudgals of *Karma* are attracted towards the soul.

But Jainism holds that passion and malice are circular, so it is difficult to search their end, because normally, one cannot see whether the passion and malice are in soul, Therefore, individuals are unable to know the attraction of *Karma Pudgals* or are unable to conceive the independent identity of passion, which is the cause of flow. Entrance of *Karma-Pudgal* is possible due to passion and malice and at the same time passion and malice for their existence depend on *Karma*. And this process is circular. This circle is eternal. It vanishes only by having over-come attachment or to be *Saṁjñatita*. Our conduct is always affected by this circle. In this way *Karma* is destined by the past and not by present. So only the balance between temporary and permanent is true. In other words existence is eternal, it never vanishes.

Now another question may be raised : if soul is abstract and *Karma* is concrete how are they related to each other? Jain philosophy solves this riddle with the help of an example of space (sky) and space within the pot. Space is abstract while *ghatākāśa* is concrete and in this way space is limited by form. In the like-manner the relationship among soul, *Karma* and *Pudgals*, take place, though these are not identical. C. D. Sharma has emphasized that the Karmic matter unites with the soul by intimate interpenitration just as water unites with milk or fire unites with the red hot iron ball".[9] I do not agree with his view because it is against the fundamental teaching of Jainism. In other words *Pudgals* never affect our consciousness and in the same way consciousness never affects the nature of *Pudgals*. Relation between the two is possible but that relation is not identical. Identical relation cannot be separated. Changes are natural events while action is material. Ingredients of soul are different and in the similar way the origin of *Pudgals* is different. So they can only be the efficient cause of changing each other and nothing else. In other words the ingredient of the consciousness may be the efficient cause to change the *Pudgalas* and *Pudgols* may be the material cause to change the ingredient of consciousness.

The ingredients of consciousness are knowledge, faith, bliss and *Vīvya*. These are the fundamental nature of soul and no change is possible in them. *Karma Pudgals* can only conceal it for the time being. Ingredients of Pudgals are : *Varṇa, gandha, rasa* and *sparśa* (colour, smell, taste and touch) and no change is possible in their nature, because existence cannot be changed, it can be only limited. Non-existent things can not replace the existent ones because existent things occupy space. Changes are circumferencial and circumference is changeable but its centre always remains the same. If the centre of a wheel begins to move, the function of the wheel is disturbed or atleast wheel does not move. In the like manner all the changes are related to the circumference and not to the centre. So, in Jainism, centre is the existence and circumference is the *āśrava* or *bhāvakarma* or (a feeling of doing.) Pudgalas are the actual action. When these two things vanish, centre vanishes and soul attains perfection. But this is only for a *saṁnyāsi* and not for wordly people living in the society. There is a correspondence among action in thinking, *Paudgalika*-matter and soul. *Bhāvakarma* is *chitta* and *chitta* attracts only the favourable flow of *Pudgalas* and as per the *chittavṛtti* and *Pudgalas* different *Jīvas* emerge on the earth. *Bhāvachitta* corresponds to *Paudgalika-chitta* and *Paudgalika-chitta* corresponds to physical body. So, *bhāva-karma* is the via-media through which soul attracts the flow of *pudgalas, Bhāva-Karmas* are : ceaselessness of pride, lie, *kaṣāya* and *yoga* (tendency to conjoin). Sometimes these tendencies are mild and sometimes they are intense. Those which are more intensive *bhāva-karma* they transform into like-wise body. When individuals become aware of all these processes they simultaneously detach themselves from *bhāva-karma* and this is the transitional stage where the tie of *bhāva* and real *karma* breaks. *Bhāva-karma* is a bio-chemical process in *jiva* and *dravyakarma* is the chemical process of subtle body. One is pure biological and the other is *Paudgulika.* If there is no contact between the two, the entire process of journey ahead will be stopped. The process of photo-synthesis is possible due to the Sun, in the like manner *bhāva-karma* affects the *dravyakarma.*

Now one may ask who is authority granting the consequence of our deeds. Only that person can be the granting authority of *Karma-phala* who is the master of the agent. The authority should be as much vast as the Universe but this is not possible. We find the lubricity in cow' milk, in buffalo's milk and in oil but still there is a difference among all the lubricities; they differ from each other regarding the quantity of lubricity. Who made this distinction? None, because this is the constitutive nature of matter. We think to eat but not to digest. We never think to breathe because all these actions are natural[10]. There is a pain in toe but we take medicine in the mouth and it works on the toe. In the same way intense *bhāva-karma* determines the nature of *pudgalas*. If action is performed with detached feeling no flux of *pudgalas* is possible towards the *Jīva.* To be neutral beyond *pravṛtti* and *nivṛtti* is the *Sādhanā.*

According to Jainism there are four dimensions of *Sādhanā* : The first is cessation of passion. We see the car of a person and a desire arises in us to grab the car but due to the fear of social admonition, we control it. The second is to suppress the one kind of desire by other, as for example future danger compels us to desist from doing a work. The third dimenstion of *Sādhanā* is to change the way of passion fulfilling the for example, supressed sex is fulfilled in the field of art and literature. The fourth dimension of *Sādhanā* is to broaden the passion, as for example, an affection towards worldly things is changed into esteem towards *Guru* or religion. In *Āgamas* it is called *dhammānurāgu* because all these processes are bleaching and this could be possible only through *dharma*. All passions are controlled by *dharmānurāga*.

Like Freud Jain also divides mind into two parts : Conscious and unconscious. In the similar way time has also three parts : Verb-time, inclinative-time and Karmic-bodity time. As long as we have tendency towards any passionate *Karma* there is a *Karmic*-bond. In other words we have the consequence of that tendency. When we sow the seeds they grow into the plants. Plants become trees and trees produce fruits. In the same way flow of *Karma-Pudgals* collectively rush towards the soul and the collection of *Pudgals* is locative-bond. The nature of *Karma-pudgals* are constructive and this is *pravṛtti baṅdha*. At the third stage *Karma-pudgals* make *rasa* and this is *aṇubhāga-baṅdha* and the last stage is status-bond and this is *Kaṣāya*. To stop the fidgety and *Kaṣaya* is *Sādhanā*. Function of chain is to bind something, may be it is an iron chain or a golden chain but the purpose of both the chains is the same. When we open the chain motion is possible. But the function of the chain of hope is just reverse. When someone is bound by the chain of hope his motion is just twice the normal motion. And if the hope is dimmed, individual comes at the stop. At the first stage man loses his knowledge. He is unable to differentiate between real and unreal things. He conceives sorrowful thing as pleasurable and pleasurable things as sorrowful. Loss of knowledge invites the loss of vision. In this situation vision is concealed by wrong faith. This is *mohajanya karma* which originates pseudoness in human life. Pseudoness is the cause of attachment and attachment is the cause of pride and pride is the cause of *Kaṣāya* and this last stage is bondage.

According to *Pātanjalayoga* for the destruction of one wing deviation of another wing is essential.[11] But Jainism holds that we can vanish the wrong wing by the process of cleansing, because through cleansing process we can cross the situation. In Jain philosophy situation turns into the purpose. When we give up our purpose nothing remains. How much the situation is effective in respect of human behaviour can be known by analysing some behaviours in the different context. For example in dangerous situation adrenal gland oozes a juice that makes us strong enough to face that situation. In the same manner gonad gland ejaculates chemical which stimulates sexual tendency. If pineal gland is disturbed human reason is dimmed.

If the function of thyroid gland is not normal man becomes tiny.

Now Jainism teaches us the way of liberation from bondage. There are two ways—*Saṁvara* and *nirjarā* (stopping and ceasing). The seeds of *Karma* can be destroyed by giving up ego. If we leave our ego apart from every feeling and action, the seeds of *Karma* will be diluted. *Karmavipākā* cessasion from action, means apartness from matter, space, time, feeling and tendency. After the detachment of all these things one can be free from *Karmaphala*. There are four kinds of *Karma. Kṣetravipākā, Jivavipākā, bhāvavipākā* and *bhāva-vipakā*. Consequence of *pudgals* are agonitic—*Karma*. Agonitic *Karma* has also two parts, finite and infinite. The cause of infinite (a *Sānta*) agonitic Karma is Paudgalas. Whenever there is a contact with paudgals agonitic *Karma* begins. We feel pain after being hurt. In the like manner, there are two characteristics of religion—one is *ahiṁsā,* tendency to be free from passion and malice and another is *pariṣaha* (bearing capacity). The capacity to bear the uproar is fortitude (*titikṣā*).

It begins with the consciousness of renunciation.

Freedom and Responsibility

Jain philosophy holds that all matters have their own nature and identity which can be concealed but cannot be repealed. Destruction of an object is possible but we are unable to vacate the space occupied by the object even from its residue. Conscious for realization of *saṁvara* (stoppage) of *Pudgalas* is purely the utilization of one's knowledge. Situation of *Karma* is the status of senseless and the situation of consciousness is the circumstance of awakening. Conjunction is evil and disjunction is good, because conjunction is due to *moha* while disjunction is a broad tendency towards world.

Now one may ask how far we are free in doing an act? Jainism replies positively but with a reservation, because this system believes in partial freedom. Logically absolute freedom is not possible for the worldly people. Freedom is relative not absolute. To some extent we are free and after that we are not free. Human beings are unique because they possess consciousness. In conscious stage we are free but when unconscious we are no more free. We are free before throwing a stone into the mud but we are not free to stop the leap of the mud. *Kuḍena mutho puṇotṁ Karti,*[12] What one has done he must have some affection towards one's doing. This affection or *moha* generates *saṁskāra* and from *saṁskāra* we return into the action again and again and this cycle rotates till the attainment of *mukti.* We are free to raise our one leg but not free to raise both the legs at the same time.

We are moving towards progres every moment because there is a continuous development in our consciousness. But this progress is hindered by the origin of *Karma.* The process of development shows that we have freedom. Our constituent elements; faith, knowledge, energy and bliss are free. So far our physical body is concerned, it is not so. A pitcher is made of clay not because of the potter but due to the capacity of clay to be converted into a pot. Even a good potter cannot make a pot out of the sand. In the same way freedom is inherent in soul. Freedom is the name of the capacity of the four infinite elements of the human soul. We become victim of coercion or partial freedom due to the passion and malice. So from the subjective point of view we are completely free. Only the body is dependent, because it is the derivation of passion and malice. Human body is surrounded by the natural and geographical circumstances of the territory in which the individual lives. Circumstances are always complex. The impact of situation and environment is so powerful that individuals are compelled to do even undersired *Karma.* Here we find a similarity between C. L. Stevenson, a contemporary moral thinker, and Jainism. He also holds that there are certain circumstances which are unavoidable and in that situation man is bound to do according to the situation.[13] Jainism divides environment into two parts : internal and external. External environment is the stimulant which provokes individuals to act, i.e., on hearing an abuse we become angry. Sound, beauty, taste, smell and touch are stimulants. It is a psychological truth that we all are impressed by stimulant. Internal environment is bio-chemical elements which are always oozing from the glands. These bio-chemicals compel us to act. In this way internal and external environments make us dependent. If there is no ejaculation of harmons, no stimulant of action is possible.

Now one may ask who is responsible for all the above factors of *Karma* and freedom? Psychology considers heredity, environment and situation as the responsible factors of stimulanting an act. A sweet fruit is a stimulant which originates a tendency within the individual to eat. This stimulant is wholly responsible for the act. But medical science does not agree to these facts. It holds that chemicals ejaculated from the glands, are responsible for the action. According to a theist 'will of God' is wholly responsible for the action. Religious fellows conceive conduct, behaviour and character as responsible for action because as one sows so he reaps. Philosophers consider time-factor as responsible for action. Sometimes they address time as nature or destiny. In this regard philosophical concepts are four : naturalism, theism, destiny and *Karmavāda.* Supporters of time factor believe in gradual change and not in sudden change, i.e. child does not become learned or thief in a day. He grows these tendencies with the march of time. Subjectivity of action is inherent in time. Life and death are operated by time and change of season. It is also due to time. Naturalist advocates that *Karma* is inherent in nature. In other words *Karma* is the consequence of nature. Every dog bites, whether it belongs to India or elsewhere. The nature of man is different from the nature of women. The nature of an ant is not like the nature of a fly. Therefore, the action of both will not be the same. So nature is responsible for *Karma.* According to determinism, everything is fixed from before. *Bhavitavyṁ-bhavatyeva gajamuktakāpitthavat.* In other words what is destined is bound to happen, what is allotted cannot be blotted. If it is a rule then it must be universal because a partial rule is not a rule. Only those rules can be rules which are universal and such rules can be regarded as destiny of human beings. Universal rules are applicable for all living and non-living beings in the similar way but not the man-made rules. There is no exception to such rules. If the nature of fire is to burn, it shall burn all living and non-living on the right time. Night comes at its proper time. Life and death are destiny. If we are born our destiny is death. Changing is destiny is not possible. Jain calls it *rāśi*. There are two kinds of *raśi* according to Jaina philosophy : practical *raśi* and unpractical *raśi*. Many living beings of botanical world take birth and die in that world. They never come out of that world. No separation is possible for them. Therefore, these are practical. In Jainism infinitive *jivas* are called *nigoda* because their birth and death are common. They breath and eat together, i.e. plants, animals and men. But here a question can be raised why and how practical *rāśi* comes from unpractical *rāśi?* the answer of this question is destiny. When the question of nature comes argument break. No logic is possible before destiny because logic is limited within the boundary of axioms and postulates. How conclusion can imply its major premise. Refutation of argument is possible in case of *Karma* done under the tendency of pride but not beyond postulates and axioms. Man-made rules are teleological and very easily we can ask why these rules are made and answer to this question can very easily be given. *Nyāya* system answers as follows *Kṛtakṅ tat-tat anityṅ.* Every thing made by man is temporal and destiny is beyond his reach.

In this way, time, nature, destiny and *Karma* determine freedom and increase dependence. These are the causes of bondage. Therefore, human beings are not perfectly free. But we have partial freedom, because complete determinism is the situation of complete abolition. What is the cause of a nap at night and not in day time? Its cause is place and time—at one time, slumber comes and at other time it does not come. All these events are natural. Jain thinkers consider time, nature, destiny and *Karma* alongwith the *puruṣārtha* as the cause of determinism. These five entities, according to Jainism, are relative. If we consider any of them as stronger than the other we may make a mistake. Time is a portion of nature. Every matter has its own nature.

Destiny is a universal law which is applicable to all things and beings in the same manner. Action may be mental, verbal or actual, it may be known or unknown, perceivable or subtle. If performed under the passion, all *Karmas* are recorded and this is called *prānabdha* or past *Karma. Karma* and *purūṣārtha* are not different entity, they are one. *Puruṣārtha* of present time is *puruṣārtha* and *purvṣārthā* of past is *prānabdha.* Therefore entire responsibility goes to the moment before starting the *Karma i.e. puruṣārtha.* No other thing like time, nature, destiny and *Karma* are responsible, because time, matter, nature, destiny and *Karma* are unconscious. Nerves, glands are also unconscious because not they have their own purpose. In the same way situation and environment are unconscious. Therefore, unconscious things cannot be responsible for human action. Obligation is necessarily related to the consciousness. Whenever knowledge and knower exist there is the responsibility. Therefore the question of responsibility has relevance only in the conscious world and not in an unconscious world. Whenever, reason and understanding of consciousness is possible there is also possibility of possessing the responsibility. Out *purūṣārtha* is related to consciousness. In other words *purūṣārtha* is the ray of consciousness and understanding and obligation are closely related to it. *Tīrthaṅkara* Mahāvira says it—*Udērana saṅkramana udvartana* and *apavaratana*—in other words *Karma* can be changed, can be destroyed, can be performed much before, or can be performed later on. If our *purūṣārtha* is aware, we can change the *Karma* as per our will. This is the principle of transition. Today science has made it possible to change one's gene. Through this process the nature of the individual can be changed because this is based on the scientific principle of 'quality changes into quantity and quantity changes into quality'. Jainism conceived this process in early stage of civilization. Existentialist thinkers hold that if I claim to be responsible for earning of my pleasure, who is responsible for my sorrow ? none[14] i.e. —*Mahāvīra* said it much before is *Sthānaṅgasūtra*.

Chauwihe kamme paṇṇatte taṁjātā—
Subhe nāma mege subha vivāge,
Subhe nāma mege ashubhavivāge,
Ashubhe nāma mege subhavivāge,
Ashybhe nāma mege asubhavivāge. (*Thāṇṁj'*[15])

Here we find a similarity between existentialistic achievement and scientific achievement and that of Jainism. So on the issue of freedom and responsibility Jainism can stand along with metaethicist like C.L. Stevenson, existentialist like Karl Jaspers and Blasly Pascal and relevance of Jain's teaching is evident.

Human Destiny

In this way, according to Jainism, man is bound by time, destiny, nature and *Karma* but he is free at the moment before starting the *Karma*. It means that man is free in choosing and deciding his course of action. He is free in taking the judgement before doing, but dependent in doing. He is confined after starts the *Karma*. But man has capacity to repulse all the repulsive factors. For this purpose man has to march from physical body to ethereal body; from empirical to subtle.

Saṁskāra of Jainism is similar to the gene of modern science and according to Jainism near about sixty thousand commandments are marked on a gene. This gene is the *Guṇasūtra* of the Jains due to which there is difference between man to man and their nature. Gene is a constitutive component of the physical body, while *Karma* is the *part* of subtle body. Electric body which is the part of our body, is also subtle, but *Karma-body* is many times subtle even than it. It is more microcosmic and on its each aspect infinite scripts are marked. The entire description of *purūṣārtha* is written on it. Soul is the fundamental balancing force between gene and *Karma* body. All forces relay from soul. This is medial source whose function is to maintain the continuity. Those functions of soul are *purūṣārtha,* subjectiveness, *vīrya* and flashing on the mind. All these come from the soul, the balancing point, and our destiny is to reach there. This is repulsion or projection. When consciousness arises, life and journey start.

The best way to achieve this goal is to live in present and not in future. We should exercise our effort to live in the present circumstance and not much hope or fear towards future. We should live neither in past nor in future, but only in present. If we account our 24 hours routine, we will find that most of the time we live either in past or in future and only two or three hours we live in present. To achieve the bliss should be the main motto of one's life but it is possible only in present life, not in future or past life. According to Jainism bliss is veiled by memory and imagination. These are the essential factors of social life, but human beings unnecessarily extend it so much that basic aim of life is left behind. Ladder of climbing and getting down is the same but change of muscles and nerves in both the process are not the same. Eyes are the same but there are changes in weeping and laughing. Human being should select only those memories and imagination which are helpful in living with the present time. Journey from physical-body to subtle is called observation and this process occupies analysis and explanation. *Viveka Sūtra* holds that realization of soul is the highest goal of life and it is possible only when we are determined to change not only our attitude but also the direction of our life. At first step heart will change. Changing of heart will change the harmones and other chemicals of the body. Lastly all these will change the human conduct. Changed conduct will stop the flow of *pudgalas* and from and here journey ahead towards soul will start. This journey will lead us to ash the *Karma* and *saṁskāra*.

Like Kierkegaard[16] Jains also consider three stages of human life: Some are confined to sensation and they are neither known nor they have knowledge. Some persons know but they have no sensation. Some have knowledge and sensation both. Unconscious things neither know nor feel. Sensation is the first stage and knowledge is the second stage. Sensation is the lowest stage of consciousness. This is professional stage of life. We all live in this stage, but this is not the stage of conscious process.

This phase of pure knowledge is sensationless because sensation is the symptom of body, not of the soul. When we become bodiless we lose the sensation of pleasure and pain. One who possesses knowledge and sensation both, he is at the stage of mental and rational development. In this stage there is the seed of conscious development. With the development of knowledge subjectivity becomes sensationless and the subject is able to enter into the stage of prefect consciounsess. Stage of pure knowledge is the stage of the seers or *tirthaṅkaras*. Knower and knowledge are neither same nor different. It is called the stage of pure knowledge. There are two conditions of soul—assent and refusal. To have pure knowledge is the stage of refusal, because knowledge is the nature of soul and in this situation no transition of any *Vijātiya* element is possible. Sensation is the stage of acceptance in which the subject is related to the acceptance of external world. Stage of refusal is the state of *nirjarā* (abolition). Pure realization of consciousness is the situation of the realization of *saṁwara* (stopping). Gene and *pudgals* have infinite energy. *Jiva* possessess two powers, acquiring capacity and active capacity. Gene transforms into body, body transforms into active power and active power produces conjunction, conjunction produces pride and pride generates *Karma*-bondage and this is the cycle. Hate, passion, anger are the modes of body, not of soul. *Āchārya Amṛtachand* holds :

Bhedvigyānth siddhaāh, Siddhā ye kilakechana

Tasyaivabhavto. baddhāḥ, baddhaye kilakechana.[17]

Only those are bound with *Karma* who have no knowledge of differentiation. One who knows the difference between conscious and unconscious, he can easily take himself beyond the world.

Now I want to refute certain allegations labelled against Jain's ethical teaching. Dr. Radhakrishnan has declared that there are some elements of regourism in Jaina ethics.[18] In the same way S.K. Maitra finds lack of social aspect in it.[19] These allegations are very trivial because Jains believe in freedom and responsibility as well as they advocate to lead a natural life. If artificial and luxurious life is good then I have nothing to say. If life without passion and malice is good, Jain's theory of action is unparallel. Several times Jainism repeated that passion and affection towards external object is the root cause of bondage and an individual should reach at the balancing point of existence i.e. neutral stage through projection of oneself beyond passion and malice.[20] Many times the Jain's ethics holds that affection towards world and its things limits our freedom of judgement to act.[21] True judgement is based on the eternal nature of man and his isolation from *Vijātiya* thought. When man judges with his experience and realization his self judgement is always correct.[22] Even Maxmullar agrees with the ethical teaching of Jainism when he holds that "Man is his own friend why you expect friendship of other."[23]

We can remember the teaching of Jainism in the context of Marxism and recent scientific researches of the world. At the very beginning the Jain holds that this world is the natural outcome and none is its creator. This is the part of the sky and it is eternal.[24] Changes in the world are due to *Kāladṛava* and nothing else. This system of Philosophy is the heritage of those Indians who think of materialism and modern science as the right path of life. No God is the master of the world, no metaphysical rules govern the world but human passion, malice and will govern. Modern medical science establishes that the personality of an individual can be changed by changing his gene. Jainism also believes in changing the *saṁskāra*. But in this age of corruption, smuggling and artificial life style none is ready to listen to the gospel of *Mahāvīra*. But we are proud of his teaching which is scientific, logical and materialistic[25] in its outlook and it has capacity to guide the world.

References

1. William, Lillie, *An Introduction to Ethics,* Reprint, 1975, pp. 1-2.
2. J.S. Mackenzie, *A Manual of Ethics,* Introduction P-II, p. 49.
3. William, Lillie, op. cit., p. 95 Stoic Principle is 'Follow nature, as goodness is natural'. For Butler's view see his book *Sermon III.*
4. Martin Heideggar (ed) Werner Bock, *Existence and Beings,* p. 47.
5. McDougall, *Social Psychology,* Ch. 2, 29.
6. Dr. S. Radhakrishnan, *Indian Philosophy,* Vol. 1, p. 300.
7. Rigveda. भद्रं कर्णेभिः शृणुयाम देवा भद्रं पश्येमाक्षभिर्यजत्राः ।
   स्थिरैरङ्गैस्तुष्टुवांसस्तनूभिर्व्यशेम देवहितं यदायुः 1/89/8
8. *Apta Mimansa*, Episode 103, also see Raj Kumari Jain article in *Parāmarsha,* "*Śyadvāda, Naya* and *Saptbhange*", June 1988, especially, p. 302.
9. Dr. C. D. Sharma, *A Critical Survey of Indian Philosophy,* Motilal Banarsi Dass, 1964, p. 65.

10. Kathleen Réoordam Speeth, *Gurdeeff : Seeker of Truth,* Bookwise, Australia, 1980, p. 20.
11. Patanjali, वितर्क बाधने प्रतिपक्ष भावनम्, *Yogasūtra,* quoted by Acharya Amṛtchand in, *Karma-Srota.*
12. कुडेण म्दठो पुणों तं करेई। ढागं—Amṛtchand, op. lit.
13. C. L. Stevenson, *Ethics and Language,* Yale University, pp. 313-14.
14. F. Reinhart, *The Existentialist Revolt, p. 181* and Karl Jaspers *Philosophy,* II, p. 182.
15. *Sthānangasūtra,* चउब्बिहे कम्मे पण्ण ते, तंगटा—
    सुभे नाम मंगे सुभ दिवागे, सुभे नाम मेगे असुभ
    विवागे, असुमे नाम मेगे सुभ दिवागे, असुमे नाम
    मेगे असुम विवागे। ढाणं 4/603
16. Kierkegaard, *Unscientific Post Script,* see for wide discussion.
17. Ācharya Amṛtchand, *Jain Darshan man karma srotā,*
    भेद विज्ञानतः सिद्धाः सिद्धा ये किरम केचन।
    तस्याभावतो बद्धाः बद्धा ये किलके चना।
18. Dr. Radhakrishnan, op. cit., p. 294.
19. S. K. Mitra, *The Ethics of the Hindu,* Calcutta, pp. 220-1.
20. *Pñchāstikāyasamaysārā* - 115 and *Tattvartha Sutra,* I : 11.
21. Ibid, p. 163.
22. Ibid. p. 165.
23. Maxmullar, *The Sacred Books of the East,* Vol. 22. p. 33.
24. *Samaṇ sūtta,* 651.
25. Mahendra Kumar Fuskele, "Ek Mahan Virasat Ki Sahmati men Utha Hatha" *Pramarsha,* Sept. 1986, p. 920.

Kundakundāchārya and His Contribution to Jain Philosophy

9

P. Chenna Reddy

Jainism started in Andhra Pradesh long before, Buddhism emerged in India. According to the tradition, Ṛṣabha, the first *Tīrthaṅkara*, himself introduced it here. His son, Bahubali became the King of South India. He ruled it for a short time and renounced it to follow the austere path. He attained siddhahood at Podanapura now called Bodhan. He was succeeded by Bharata after whom India has been named as Bhārata. He erected a colossal statue of his father at *Bodhan*.[1] Jainism flourished here well before the Mauryan dynasty started ruling India.[2] King Samprati, the grand son of Ashoka, not only became a Jain himself but also sent his missionaries to spread the message of Jainism in Andhra, Chola and Karnataka.[3] Jainism did not enjoy prosperity all the time in history. It saw many vicissitudes. It was actually one of the earliest religions in India but it suffered great set-backs owing to the domination of Brahmanism and Buddhism. Several great Jain saints endeavoured and strove hard to rejuvenate Jainism at various times in history. Yet Jainism could not survive the sway of Brahmanism. Several Jain centres plunged into oblivion. One such great centre is on the hill at Konakondala near Guntakal in Anantapur district. During the 1st century A. D.[4] Padmanandin, the first and greatest Digambara teacher in South India, established this great centre. He was popularly known as Kundakundāchārya. He toured throughout India to propagate Jainism. He wrote about 84 books on Jainism in

Prakrit. Now the people of Konakondala know nothing about Jainism.

Padmanandin was born at the village of Kundakunda[5] (the original name of Konakondala) near Guntakal in Uravakonda Taluk of Anantapur. The period of his life is not established accurately. *Nandi*, the suffix in the name, refers to the *Gana* called *Nandi*. He became the fourth descendent pupil in the line of Bhadrabahu. He established the *Balatkara gaṇa* and *Sarasvati* or *Vakra gacchha*. He belonged to the *Pustakagachcha* of the *Desigana*, one of the oldest *Digambara* sects and one of the four sub-sects of *Draviḍasanha*, the original sect of South India.[6] He was greatly adored as the supreme leader of *Mūlasangh*. He studied philosophy of Jainism and understood it thoroughly. He was a great exponent of Jain philosophy rather than religious practices. He defeated many a scholar of other religions in the argument on religious issues. He won many people to his faith by his doctrine of *Anekānta*. He not only taught it to the people as he toured throughout India but also wrote as many as 84 authentic books on it. His important books include *Pañchāsthikāya, Pravachanasāra, Samayasāra, Niyamasāra, Rayaṇasāra, Mūlāchāras, Aṣtaphahuḍa, Barasanuvekh* and *Bhavaprabhāto*. He did not refer to any previous writer perhaps because he was the first to write about Jainism in general and *Digambara* faith in particular. His books alone form the main source of our knowledge about *Digambara*. He is the first author to write about *ȧnuprakṣas* separately. His *Mūlāchāras* acquired good reputation as an authentic work to guide Jain monks. His *Pravachanasāra* is written in such a simple and vivid style that even a layman can understand the right path to follow in sainthood. *Kural* or *Tirukkural*, the most popular Tamil Classic known as the Tamil Veda, is considered to be written by him.[7] Being the pioneering writer of Jainism in South India, he must have been connected with the early literary endeavour in Tamil also. He composed many traditional prayers in Prakrit.[8] Most of the Jain writers of South India followed him in their literary works. He was one of the greatest disciples of Bhadrabahu, the others being Guptigupta, Meghanandin and Jinachandra. The lineage of Jain teachers began with him. Jain monks, then, used to feel proud of being his spiritual disciples. Balakapincha, Kundakirti and Samantbhadra who were his famous disciples. Kundakirti wrote *Śrutāvatarā* whereas Samantabhadra became a great dialectician.

In the first century A.D., Kundakundāchārya established a Jain centre in the spacious cave of the hill, called Rasasiddhula Gutta (means the Hill of Alchemists), at Konakondala where a roofless shrine with the images of two Tīrthankaras was erected perhaps in the 13th century. It became a reputed *tīrtha* by the 14th century A. D. and it was called *Kundkundeya tirtha.*[9] It was the first Jain centre in Rayalaseema Andhra Pradesh. It became so famous that the people forgot its original name, Padmanandin and started calling it Kundakundacharya. Its fame reached far and wide and it was frequently referred to even in the inscriptions of Śravanabelagola.[10] Kundakundacharya rejuvenated Jainism in India and especially in Andhra and contributed greatly to the development of Jain thought. He influenced the culture of his contemporary society through his preaching of Jain ideals. He used the language of the people, Prakrit, in his speeches and writings. He commanded great reverence and adoration among his fellow-saints and disciples as well as people. Though he was a Digambara teacher, he was respected both by the Digambaras and Śvetāmbaras. He was referred to by several names such a Elecharya, Vakragriva and Gridhrapircha in addition to his original name, Padmanandin and his popular name, Kundakundāchārya.

Kundakundāchārya found Jainism at its lowest ebb and felt the need to rejuvenate it. He was strongly convinced of its relevance to mankind in the contemporary spiritual crisis. He toiled and struggled hard to establish the superiority of Jainism all over India and he greatly succeeded in it as an inscription from *Śravaṇābelagola* depicts.[11] His teachings and writings made Jainism a strong antithesis and alternative to Brahmanism which had resorted to great violence in the name of sacrifices in ceremonial rituals and guarding the *varṇāśrama dharma.* The people, who detested these things strongly welcomed Jainism which preached *ahiṁsā* (non-violence). According to Kundakundāchārya, *ahiṁsā* involves the renunciation of even the thought that is harmful to any creature. It extends to other activities too. *Satya, asteya, brahmacharya* and *aparigraha* are to be observed with strict adherence. However, a normal householder is exempted from *brahmacharya* or celebacy until he completes his duty as the head of the family because it entails upon him not to even think of any woman or sex. *Satya* or truth obliges him to avoid even the thought of telling anybody any falsehood. *Asteya* implies the renunciation of even the thought of stealing any article that belongs to others. Finally, *aparigraha*, the culmination of this, is the renunciation of even the thought of having any worldly attachment. These are called the five great vows to be observed by a Jain monk. In addition to these five vows, Kundakundāchārya prescribes three *guptis* or restraints that a monk should observe. *Manogupti* or mental restraint means the freedom from emotions, passions, delusion, attachment, aversion and such strong and impure thoughts. *Vaggupti* or oral restraint involves avoiding talking about women, politics, theft, food and other unholy topics. *Kāyagupti* or restraint in action implies the renunciation of every violent action such as beating, piercing, cutting and lashing. Kundakundāchārya lays stress on vigilance to be observed by a Jain monk. He calls it *samiti.* According to him, there are five *samitis.* Since negligence leads anybody to sin, he should be very cautious. In his *Niyamasāra*, he explains each *samiti* or precaution. *Īriyāsamiti* means taking every precaution while walking to avoid injury to any creature. *Bhāsāsamiti* means being very careful while talking to avoid hurting others with words. *Eṣaṇāsamiti* obliges one to be very cautious while eating food. One is allowed to eat food only to sustain one's life and the food should be neither cooked by oneself nor consumed by others but should be given to one by others with devotion. One should also perform exercise and meditation. *Ādhānasmiti* means to be very cautious while picking up or putting down any article and lying down to avoid any injury to any creature. And finally, *pratistapana samiti* obliges one to be very cautious while urinating or defecating to avoid any injury to any creature.

Kundakundāchārya recommends a kind of independence for an ideal man in his life. He defines and describes *āvaśykas* in his *Samyasāra.* An *avaśa* is a person who does not depend upon others. The actions of an *avaśa* are called *āvasyakas.* An *avaśa* does not follow any foreign idea, activity or practice. He remains firm and unshakeable in his thinking, speaking, righteous conduct, confession, repentance, equanimity and renunciation. The five *āvaśyakas* of a true monk discussed by Kundakundāchārya are *pratikramaṇa* or self-criticism, *pratikhyāna* or renunciation, *ālochanā* or thought, *prāyaśchitta* or expiation and *paramā bhakti* or absolute devotion. *Pratikramaṇa* is self-criticism. A monk cultivates self-control and self-discipline and avoids uncontrolled thoughts and activities. He corrects himself regularly through introspection. *Pratikramaṇa* is a decision on the part of a monk to avoid all sinful activities in future. He is to renounce attachment, to eradicate *karma* and to be free from passions and emotions. *Ālochanā* is of four kinds : *ālochanā* or thinking equanimously, *anulochanā* or eradication of evil thoughts, *avikritikarmaṇā* or non-deformity in thinking and *bhavaśuddhi* or purity in thinking, *Prāyaśchitta* involves the strict observance of five, vows, three *guptis* and five *samitis. Paramā bhakti* involves right belief, right conduct and right knowledge. *Ṛṣabha,* the greatest conqueror, and those, who followed him sincerely, observed absolute devotion in self-meditation and attained perfect bliss and liberation. However he avoids the discussion of other *āvasyakās* such as *Samakya, chaturvimśatistava, vandanā* and *Kāyotsarga.* He treats them separately. In his *Niyamasāra,* Kundakundāchārya deals with *paramasamādhi* in a very detailed manner. According to him, perfect self-control, observance of silence, study of scriptures, observance of various fasts, mortification of the physical body and residing in seclusion in the forest help one in developing equanimity. He argues that emancipation from worldly existence cannot be achieved by mere practice of virtue but by inner awakening and complete detachment from mundane life.

Kundakundāchārya, thus, elucidated various complex concepts of Jain philosophy, elaborated them and enriched them. His reputation as the greatest Jain teacher spread throughout India as he toured all over India to defeat contrary religious ideas and establish Jain philosophy successfully. His disciples feel proud of on being his disciples. His writings guided the later writers. He founded Jain societies. Thus he was the great pioneer who rejuvenated and invigorated Jainism not only in Andhra but also all over India. His contribution to Jainism, its culture and philosophy was revered and valued greatly. G. Jawaharlal aptly points out :

> It is beyond doubt that Kundakunda is the most reputed as well as popular name in the literary history of Jainism. His life and activities form an important landmark in the history of Jainism, particularly in Andhra. He was not only the most zealous pioneer of the *Sarasvati* or *Vakragacchha,* but also the earliest exponent of Jaina faith in Andhra. No wonder his name was given a popular religious significance and as such, many traced their spiritual lineage from, Kundakunda, and it was looked upon as a proud privilege by Jain monks. Innumerable Jain epigraphs found in South India relating to the lineage of Jaina teachers begin with Kundakundāchārya. Laudatory tributes are paid to him in Jaina epigraphs which describe him as the prominent leader of *Mūlasangha,* the fourth in the descent of Bhadrabahu and having for his predecessors Guptigupta, Meghanandin and Jinachandra.[12]

References

1. *Epigraphia Carnatica II,* 234, (85)
2. *Epigraphia Indica XXI,* 71-89.
3. Indian Archaeology XI, 246.
4. P. B. Desai, *Jainism in South India* (Sholapur, 1957) 153-156.
5. *South Indian Inscriptions,* IX, Pt. I, No. 150.
6. Gopalakrishna Murty, *Jain Vestiges in Andhra* (A. P. Arch. Series No. 12) 22-29.
7. A. C. Chakravarti, *Jain Literature in Tamil* (1941) 10-19.
8. Gopalakrishna Murty, *Jain Vestiges in Andhra* (A. P. Arch. Series No. 12) 31-2.
9. *South Indian Inscriptions,* X, Pt. I, No. 150.
10. *Epigraphia Carnatica III,* 190, (13).
11. *Sravana Belagola Inscription* No. 54.
12. G. Jawaharlal, *Jainism in Andhra* (Jaipur, Prakrita Bharati Academy, 1994) 125.

Jainism in Andhra during 7th to 10th Century A.D.

10

M.S. Ramachandra Rao

The word Jain or Jainism is derived from the Sanskrit root 'JI' which means 'to conquer'. A Jain is one who believes in conquering the flesh in order to attain that Supreme Purity which leads to the infinite knowledge, infinite happiness and infinite power. It is believed that Jainism is as old as the Vedic religion, and Vardhamana *Mahāvīra* was the twenty fourth and the last of the *Tīrthāñkaras* or prophets of Jainism. Both Jainism and Buddhism revolted against Vedic priestly domination and ritualism involving animal sacrifice on large scale. At present Jainism is a living faith in India unlike the Buddhism which disappeared from here during the late Medieval period.

Though the Jainism entered Andhra very early, it became popular only in the 7th century A.D. The establishment of Eastern Chālukyan kingdom in Vengi in AD. 624, marked a glorious phase in the development of Jainism in this region. These Chālukyas were the offshoot family of the Chālukyas of Badami, who were strong patrons of Jainism. It is interesting to note that while the rule of Chālukyas of Vengi was mostly confined to the east coast, the bulk of the Western Andhra or the regions of Rāyalaseema and Telangana were ruled by the western Chālukyas, Rāshtrakūtas of Mānyakhēta and the Chālukyas of Kalyan, who all were patrons of Jainism. The Jainism enjoyed wide popularity among the masses and due to the religious tolerance of the rulers it held its ground till about 13th Century.

At the time of Chālukyan conquest of Āndhra all the three religions prevailed. Of these Buddhism was already in a decayed stage and the panchārānas, which were once strong holds of Buddhism, became strong holds of Shaivite faith. Hinduism dominated throughout the period, and even though both Vaishnavism and Shaivism flourished the latter slowly become more dominant and Vaishnavism receded into the background.

The condition of Jainism was different. The Jain monks were very active and they seem to have made serious attempts to bring the whole country under the influence of their religion. It can also be noted that during the close of the 1st Century A.D., the Jain *saṅghas* were divided into *Śvētāmbara* and *Digambara* sects. The Śvētāmbaras wearing white clothes could move into society freely for preaching their doctrine to the people, unlike the Digambaras who due to their unsocial character of nakedness preferred to stay away in the mountain regions. Moreover the rise of *Yapanias* accelerated the growth and spread of Jainism. The *Yapaniyas* introduced into Jainism certain innovations and made compromises that attracted common people. The Jain *āchāryas* began to accommodate local practices within the fold of Jain *saṅgh*. They used to hold debates and these vanquished the rival argument. They also used to perform miracles to attract the attention of the common men.

Jainism during the Chālukyan rule became more important. It attracted many people, especially the common people. Many of the queens and members of the royal family and generals also were strong partons of Jaina faith. The discovery of numerous Jain images in the ruined village-sites all over the country indicates that the Jaina settlements were innumerable and an appreciable section of the people paid homage to the Arhats and the Jain Tīrthānkaras. The epigraphs of Eāstern Chālukyas, Western Chālukyas, Rāshtrakutas and their feudatories also confirm about the Jaina settlements on large scale. Several inscriptions refer to the construction of Jaina temples, *basadis* and register the gift of lands or cash for their maintenance.

Yuvan Chuang, the Chinese traveller who visited Āndhra in the 7th century A.D. mentions that in Kalinga majority of the people were followers of Jainism. He refers to a place Culia, and says that the people there believed in *Tīrthānakaras* and that among its followers Digambaras were found to be numerous.[1]

Most of the Eāstern Chālukya rulers made grants for construction of Jaina temples and also for their maintenance. The earliest reference to the endowments made to the Jains is in the time of Kubja Vishnuvardhana (A.D. 624-641) who was the founder of the dynasty.

The first recorded Jain establishment is the *Nadumbivasadi* of modern Vijayawada in the Krishna district known from the Musinikonda plates[2] of Vishunuvardhana III (A. D. 719-755). It records the renewal of the grant of the village Musinikonda to the Venerable Kalibhanga for the benefit of a Jinalaya, i.e., Nadumbivasadi, built by Queen Ayyana Mahadevi, Queen of Kubja Vishnuvardhana.

From the discovery of three copper plates at Pedda-Parapupādu (East Godavari district), it is evident, that Vishnuvardhana II (A. D. 673-682) had leanings towards Jainism. The inscription states that the gift of land was given to Jainacharya Kanakanadi of *Yapaniya Sangha* for the maintenance of Jaina *basadi* under the reign of Vishnuvardhana II.

It was under Vishnuvardhana IV (A.D. 772-808) that Rāmatīrtham in the Vizianagaram district was developed into a very important and fine Jain centre of learning.[3]

The greatest benefactor of Jainism among the Eāstern Chālukyas was Amma II. During his reign Kanchumarru (West Godavari district), Dharmapuri (Prakasam district) and

Peddagadelevarru became flourishing Jain centres. He made various grants to Jains, but one interesting point about his grants to the Jains is that they were made at the request of others. His first grant is known from the Kaluchumbarru plates[4] and it was made at the request of his favourite wife Cāmikāmba of Pattavardhani family.

The second grant was the Maliyampudi grant[5] to the Katakabharana *Jinalaya* built by Durgarāja, great grandson of Panduranga, the famous general of Gunaga Vijayāditya. Durgaraja was serving Ammaraja as *Rajavisayadhyaksa* or governor of Kammarashtra. The Pontiff of the *Jinalaya* was Srimandiradevamuni of the *Yapaniya Sangha,* who possessed *Prātihāraya mahimā* or the power of working miracles. This *Jinalaya* was built for the monks of the *Yapaniya Sangha* to enable the members of the community to practice their vows undisturbed.

The third grant of Ammaraja II is known from the Masulipatnam plates,[6] recording the grant of Pedagadelavarru to the Jain establishments at Vijayawada and for the construction of the two Jaina temples, the grant was made at the request of his generals Bhīma and Naravāhana, who were Jains for several generations. Jayasena was incharge of the establishment and he was respected by different Jain ascetics.

From these accounts it is clear that Ammaraja, who was a great devotee of Saivite fault, made various grants to the Jain establishments probably to please his officers and keep them loyal to him.

Vimaladitya described himself as a devout worshipper of Mahēshwara in his records. But it appears that in his later years between 1019 to 1022 A. D., he became a convert to Jainism for reasons not known, and freely invited the Jain teachers and saints from the Kannada region to settle down in the Andhra.[7] It appears that he is the only ruler of the Eāstern Chālukya dynasty to change his faith from Savisim to Jainism.

It is known from an inscription at Rāmatirtham,[8] which is in Kannada prose and verse, that the saint *(Muni)* Trikālayōgi Siddhantadēva, the presiding teacher (*āchārya*) of Dēsigana and spiritual teacher (*guru*) of king Vimaladitya, paid respects to Rāmakonda (*i.e.,* Rāmatirtha hill) with great devotion. The king is given the titles of Rāja-Mārthānda and Mummidi Bhima.

Under the Rāshtrakūṭa rule, the Jainism was the most prominent religion. Unlike the Eāstern Chālukyas of Vengi who promoted the Jainism only, the Rāshtrakūtas on the other hand were staunch Jains. Under their rule not only many temples were built, and endowments were made to them but also their period witnessed many great authors who produced excellent works in different languages and on different subjects.

Rāshtrakūta Amōghavarsha-I (A.D. 814-80) had strong leanings towards Jainism. He found solace by retiring to a Jain monastery more than once in the course of his long reign. It it also evident that Jinasena, the writer of *Ādipurāna* was his *guru.*[9]

Indra-III, the successor of Krishna I was also a great patron of Jainism. A stone pedastal for the bathing ceremony of Śāntinātha was built by him at Dānavulapādu in the Cuddapah district.[10]

From the inscriptions it is clear that Jainism was strongly established in Āndhra during the 7th and 10th centuries. Jain orders *Sanghas,* Jain *Āchāryas*, *Kṣapaṇakas*, *Ksullakas*, *Śrāvakas*, and *Ājjikas* were established. The *āchāryas* or munis were not only the masters of but also well-versed in the Jain *Śāstras*. They had attained proficiency in *parasamaya i.e.*, their souls had become absorbed in the non-self for the liberation of mankind from bondage. Kṣapaṇakas were the Jain *Yatis* who received proper initiation according to the School of *Digambaras*. *Kṣullaka* was a *śrāvaka* of higher order belonging to the tenth stage. Śrāvakas were Jain layman. Ajjika, as the term appears to be prakrit form of *Āryika* of Sankskrit, was a female ascetic, who according to the Jain doctrine wore only a white *sārī.*

From the inscriptions it is evident that both the *Yapaniyas* and the *śvetāmbaras* accepted land and cash gifts from kings, nobles and lay worshippers and built temples and other institutions such as feeding houses etc. There were several Jain monastic establishments in the country. *Sarvalokāśraya Jinālaya* and *Kaṭakabharaṇa Jinālaya* were the most important Jain monasteries during the reign of Amma II. *Sarvalokāśraya Jinālaya* belonged to *Adde Kaligsect* of Valaharigana and in the *satarālaya* attached to it arrangements were made for feeding the *śramaṇas* of all the four castes.

The monasteries played an important part in the national life. They took active interest in the welfare of the people. Free boarding houses were provided to feed the poor and hospitals were established to serve the sick. Probably this was the main cause of attraction among the common people towards Jainism.

Another interesting point is that the rituals and religious practices of the Jains had close resemblance with those of Hinduism. From the Jain inscriptions we come across such terms as *Angabhōga*[11] and *Astānga Pūja.*[12] The latter consisted of *Jala-pūjā, Candanapūjā, Puṣpāpūja, Dhūpapājā, Dīpapūja, Akṣatapūja, Naivēdyāpūja* and *Phalāpūja.*[13] We learn from the Saivite literature that Saivites also practised *Astāṇga pūjā.*[14]

It can also be noted that Jains had goddesses that bore the names like Ambikā, Padmāvati, and Cakrēśvarī. The Jains worshipped Vināyaka and Saraswati also, whose images closely resembled their Hindu counterparts. The above accounts clearly show that many social and religious beliefs and practices were common among the Jains and the Hindus of the period.

During the reign of Chalukyas and Rāṣṭrakūṭas and their subordinates, there arose many centres of Jaina faith, which contain various monuments like temples, icons, *basadis,* etc., This throws considerable light on the popularity of Jainism. The Jain temple at Aihole (Karnaṭaka) built by Ravikirti in

634 A.D. is said to have been the abode of all excellences. There are many important Jain centres in Andhra, some of which are detailed below.

Bodhan : (Nizamabad District) was a very important Jain centre. Historically it was the second capital of Rāṣṭrakūtas. Traditionally, it was the capital of Bāhubali[15], where his image was erected and which in course of time disappeared.[16] The ancient name of the place was Podana.

Rāmatīrtham : (Vizianagaram district) is one of the most important centres of Jain faith. It still contains caves and numerous Jain images on the hill. There is an epigraphical evidence to show that Vimalāditya's religious teacher Trikālayōgi Siddhantadēva of the Desigaṇa paid homage to Rāmakonda with devotion. From the epigraphs it is known that the place was an influential centre of the faith from early times and a holy abode of pilgrimage for its followers. Under Vishnuvardhana IV's reign Rāmatīrtham was developed into a fine Jain centre of learning.

Dānavulapādu : (Cuddapah district) was a sacred centre of Jainism where several learned preceptors and faithful followers of the Jain-law thronged from distant places to terminate their lives by observing *Sallekhanā.* Excavation at this site unearthed many Jain antiquities.[17] About a dozen inscriptions dateing from 8th century were discovered in this place.[18]

Kollipaka : (Nalgonda district) is an important and still a living Jain centre in Andhra. There are about twenty-five epigraphs available from this place which throw considerable light on Jainism in this place. The epigraphs reveal that after Kalyana, Kollipaka was the biggest Jain *tīrtha* during the period of Chālukyas of Kalyana. A Jain *basadi* and many images of Jain religion were present in this place.

Vēmulavāda (Karimanagar district) was the capital of Vēmulavāda Chalukyas, who were subordinates of Rāṣṭrakūtas.

As the rulers patronised Jainism, naturally the place became one of the strong holds of Jainism. It was in this county that great poets like Pompa and Sōmadevasūri flourished. Even today, Vēmulavāda contains many Jain relics, many images of *Tīrthānkars* and other images.[18]

The other important Jain centres of Andhra were Guntupall Bezawada, Vardhamanapuram, Chippagiri, Penukonda, Ratnagiri, Pottangi, Kambadur etc.

Glory of Jainism in Andhra can be gleaned from the writings of Jain poets and preceptors. There are many such poets as were instrumental in popularising the Jaina faith among the masses by their writings and teachings. Some of them are also known from the epigraphs of the period. Among these poets Pompa was most famous. He lived in the court of Arikesari II (AD 930-955) of the Chālukyas of Vēmulavāda. He was the first great poet of Kannada. The Kurkyala inscription[20] gives interesting details regarding the Pompa's native place and his family. It is known from this inscription that Pompa had a brother named Jain Vallabha who was also a poet of distinction. According to this inscription Jain Vallabha had embraced Jainism and built a temple called Tribuhuvanatilaka, after erecting the images of all *Tīrthankaras* and Chakreśvarī on Bommalagutta (Hill of figures) near the village Kurkyala in the Karimnagar district. Pompa wrote the works namely '*Ādipurāṇa* and *Vikramārjuna Vijayam*, popularly known as *Pompa bhārata*.

Sōmadēvasūrī who flourished in the court of Chālukyas of Vēmulavāda is another important poet of the age. He is said to have written his famous work *Yaśastilaka* in AD 959 while his patron was camping with his overlord Krishna III, at Melpadi in the Chittoor district.

On the whole it is evident that Jainism was a very important religion in Andhra during 7th to 10th centuries and flourished well along with the Saivite and Vaiṣṇavite religions.

References

1. Watters, Thomas, *On Yuvanchveng's Travels in India, Delhi* 1961.
2. JAH 2S x VI, pp. 42-49.
3. *A. R.*, 1908-09, pp. 10-11.
4. *EP. Ind.* Vol. VII, pp. 177-182.
5. *Ibid.*, Vol. IX, pp. 46, 47
6. *Ibid.*, Vol. IX, pp. 268.
7. *A. R.*, 1938, p.133.
8. Ibid., No. 831/1918.
9. R. G. Bhandarkar, *Early History of Deccan*, p. 76.
10. *S. I. I.*, Vol., IX, Part. I, No. 63.
11. B. Radha Krishna, *Early Telugu Inscriptions upto 1100 A.D*, p. 66.
12. *Ibid.*, p. 67.
13. A. R., No. 40/1917
14. Palkuriki Somanatha's Panditaradya Charitra, p. 612.
15. Adipurana, IX, 65, Prose passage, XIV.
16. S.G.K. Murthy, *Jaina Vestiges in Andhra*, Hyderabad. 1963.
17. A.R., 1905-06, pp. 120-21.
18. P.B. Desai, *Jainism in South India and some Jaina Epigraphs*, Sholarpur-1957, p. 21-22.
19. S. G. K. Murthy, *Jaina Vestiges in Andhra*, pp. 43-45.
20. E. A., Vol. II, pp. 27-32.

Mahaveera's Sādhanā

11

Rajeev

Mahaveer was a great spiritual *Sādhaka* of his epoch. In his search for the pure truth, he kicking off the worldly pleasures available to him followed that immortal path of *sādhanā* which provided divine light to thousands and lacs of *Sādhakas*.

About twenty-five hundred years back the Republic of Vaishali situated in the eastern zone of India, was on the summit of prosperity. Referring to the happy and prosperous citizens of the republic, Lord Buddha had once said, "If you want to see gods you can look at the citizens of Vaishali". The King of Vaishali—in modern terminology the President, was Chetaka, the full maternal uncle of Lord Mahaveer.

Kshatriyakund was an outstanding suburb of Vaishali. It was governed by Sidharth, the king of the Republic of Jnatri. His beloved wife was Trishala. Mahaveer was their third issue. The family name of Mahaveer was Vardhamana. Later on, in view of his actions, his names Veer, Mahaveer and Sanmati etc. became prevalent among the general public. Nandivardhan was his elder brother and Sudarshanā his elder sister. Mahaveer's marriage was performed with princess Yashoda. Priyadarshanā was Mahaveer's only issue.

The first thirty years of Mahaveer's life were spent in the elysium of prosperity and majesty. The path of his journey of life was at every step strewn with flowers, there was no trace of thorns anywhere. There flowed all around the spilling stream of unrivalled and pure love of his friends, subjects and other affectionate persons. Each and every person can easily speculate how fine, delightful and splendid like a blooming and fragrant lotus the life of a prince can be from his childhood to youth.

From his very childhood Vardhamana was highly venturous and fearless. Fear, apprehension and docility did not even touch him. He did not remain confined in his golden chambers full of all types of happiness and amenities. He liked to move here and there with free mind and occasionally arranged various types of sports and games. In the company of his loving associates and companions belonging to the poor and the rich families of his neighbourhood he visited forests lying outside the city and played there. Once while playing in a garden he picked up and threw away from the playground dangerous black serpent. Other boys playing there getting panicky, started crying and there took place terrible stampede, but Vardhamana stood absolutely fearless.

In the same way while he was once playing, a god adopting a highly dreadful form wanted to frighten Mahaveer. His playmates were frightened but Mahaveer, really a courageous boy, could not be frightened. He by his fearlessness and courage defeated that god, in the form of a demon.

For his education he was admitted in a famous *gurukula* of his time, but the atmosphere of the place could not satisfy him. Mahaveer's inquest was quite different, it could not be solved there. He had no interest in the education and initiation externally imposed from outside. He was such a powerful seed as in every field of development sprouts from within. He in his very childhood logically reconciled intricate doubts of Indra, the King of gods. This much is certain that Mahaveer possessed inherent genius. His mind was highly conscious. He could give proper solution to every complicated question. Whatever a youngman needs was available to him; golden throne, royal palace and a beautiful and loving wife. There were his relations who loved him more than their own life.

Prosperity, happiness, cheers lay at his feet and he possessed fully healthy and strong body and mind. Then what was reason that in his full youth, renouncing every thing, he started all alone towards awful lonely forests, deep mountain caves and sky piercing mountain peaks?

In man's personal life and also in the life of the people around us, physical ailments—mental agony, birth, old age, death, casual troubles and rivalry are so powerful that no vigilant mind can help thinking about them. Many a time to get rid of them, paths are searched out, desired means of retaliation are gathered and for a few moments man also forgets himself in this maize but the hollowness and shallowness of these efforts each and every enlightened scholar can realise, Physical rest, for some moments, is definitely a means of giving freedom from instantaneous troubles but it is not a permanent solution. The real means of freedom from troubles is somewhat different.

Life has certain specific purpose. It is neither meant for being helplessly destroyed by pains and troubles arising from birth, old age, death, physical diseases and mental agonies nor to stroll in the stinking lanes of desire for enjoyment of worldly pleasures. Life has some great purpose without attaining which life is meaningless. Life full of the germs of perversions is no life at all. To attain passionless piety in life and the endless truth is its supreme purpose. Finding out the path of its fulfilment is compulsory for an enlightened and conscious *Sādhaka*. In the inner mind of Mahaveer there existed strong desire and readiness to renounce everything for procuring it. He felt that such means as cannot give permanent and passionless bliss, there is no sense in running after them with closed eyes. In the depth of whose hearts, strong desire to achieve the supreme truth and bliss is awakened they are not satisfied with superficial happiness and amenities. The erotic coquetry of the family, financial prosperity and the free means of enjoyment of worldly pleasures are not able to give eternal solution to the life in the direction of achieving the aim. In a certain life, where there is no moment is this direction then that life is nothing but a waylaid and vagabond life. In the absence of an aim life gets cut into pieces. Aimlessness gives birth to meaninglessness and bewilderment. This position was quite obvious in the mind of Mahaveer.

Attainment of 'self' and search for the self-based bliss was the aim of Mahaveer. This was the motivation that compelled him to change his traditional path of life. This motivation he got neither from any other person nor from any so called religious preacher. The motivation had emerged from the depth of his own heart. This very innate internal motivation of Mahaveer is the basis of all his future attainments.

The reason behind Mahaveer's renouncing home was not his indifference towards life. There was neither any family worry nor any social dissatisfaction, nor personal troubles nor mental depression. He was quite happy and free from mental and physical worries and also from that of his family and kingdom. He never had to face such a situation that inspite of his desiring he did not get desired objects. In the name of happiness and prosperity there was available everything all around. Yet there was void inside. This void was not physical but spiritual. Inspite of the dazzling outside light, darkness lay hidden some where in his inner self. There was no other problem except this that his internal spring of bliss was being obstructed. In the absence of this innate bliss every other thing was meaningless for him. This was not only Mahaveer's personal problem but is that of the entire humanity.

Consciousness is one and indivisible, so what is true for one is true for all and what is true for all is true for one. Contribution to the development of total humanity as well as individual is the lone attainment of a *Tīrthaṅkara*. In Mahaveer such an all around auspicious light was to shine. The main reason behind his leaving home was to awaken endless consciousness in respect of 'self' and 'other' and open the flood-gate for the stream of endless bliss. There is difference between 'doing', and 'being done'. In 'being done' is naturality, non-obstinacy but in 'doing', there is a tinge of obstinacy and persistency. The process of *Sādhanā* followed by a great *Sādhakās* is natural, innate and uncontested. So Mahaveer's renouncing home was a natural and inner motivation. The main reason of his accepting ascetic life was his strong desire to endow the life of the common people with the stream of endless bliss.

The centre of spiritual practices in the soul has not special relations with external 'yes' or 'no'. Favourable or adverse external environment and the presence or absence of means, in themselves are neither instrumental nor obstructive. The real obstructions exist inside us. All the spiritualists till now have been saying that when the ray of knowledge is to shine, it shines anywhere. For it there is no restriction of this or that place.

A few arrogant persons name Mahaveer as coward. But it is not proper to think or say so. Mahaveer was not a coward who shirked his responsibilities. The responsibility of the family, husband and wife, and children has importance only upto a particular limit. In life sometimes come such important occasions when the petty limits of responsibility break away of their own accord. A brave warrior who for the defence of his country dies fighting in the battlefield and a youngman who fighting against injustice and atrocities lays down his life are not cowards. To give up the infatuation for the family, beloved wife and innocent children and to adopt the difficult path of conflicts for the sake of a great ideal and to kick off the available pleasures and amenities and to bear hard and dreadful calamities is not cowardice, but bravery and such brave men as make sacrifices are rare in the pages of history. Mahaveer, the searcher of the truth was really such a lustrous and brave man. At the age of thirty in his full youth when the eyes of a young man are hardly found open, to renounce the golden throne of prosperity and worldly pleasures is really a Herculean feat. When the voice of the inner truth starts calling anyone to do something then the petty calculations of domestic responsibilities fail to deter him from his path. Neither tears resulting from passions nor the scorching words of bitter criticism can stop a true *sādhaka* from reaching his destination. On such occasions usually domestic and social responsibilities are undoubtedly neglected and the walls of traditional boundaries fall down. Mahaveer also was not an exception to it. In his heart such a flame of truth arose as in it all his attachment for enjoyment of personal pleasures and infatuation for the family were burnt down to ashes. Swaying in ecstasy and singing the song of truth he moved ahead on the difficult path of *Sādhanā*.

Gandhi : A *De Facto* Jain

12

Neeraj Kumar

The ideal of Jainism is that man should mutually serve and help one another and according to their capability and strength be helpful to others. In Jainism the very characteristic of the individual soul is regarded as socialistic, not individualistic. Every worldly man in his individual form is imperfect; his perfection depends on the society around him. This is why Jain culture gives equal weightage to spiritual practices as well as service to villages, towns and the nations. In Jainism, man's duty towards villages, towns and the nations. has been regarded as *dharma* (duty). Lord Mahaveer also in his religious sermons accords a very high place to duty towards village, duty towards town and duty towards nation. None else but only a civilized citizen and a patriot can be a true Jain. In other words, he alone, who with a view to serving others is always in search of the poor and down-trodden is a true Jain.

Jain Emperor Chandragupta not lagged behind in the field of service. His works of public welfare are well known everywhere. Kharavel, the king of Kalinga and Kumarpal, the king of the Gurjaras, always maintained the dignity of the Jain culture in the field of service.

Mahatma Gandhi, an apostle of truth and non-violence, though not *dejure* yet *de facto*, was a Jain. All his life he observed the five great vows of truth, non-injury, non-stealing, celebracy and non possession as propounded by Lord Mahaveer. In addition, he was also a strict vegetarian and towards the last forty years of his life he did not take food at night. Even in South Africa he never touched meat as he was constantly reminded of the promise which he had made to his mother that he would never touch meat. About truth, he himself has observed :

> "My uniform experience has convinced me that there is no other God than truth."[1]

Indeed, he was constantly anxious to do some concrete service to his fellow men. Once when a leper came to his door, he not only fed him but also offered him shelter, dressed his wounds and looked after him. Moreover, he always longed for some humanitarian work of a permanent nature. So very soon he started serving in a small hospital. He spared some time from his office work so as to be able to fill the place of a compounder in the dispensary attached to the hospital.[2] Besides, he also inquired into the condition of the Champaran agriculturists and tried to solve their grievances against the indigo-planters.[3]

Gandhi not only made it his business to ventilate peoples' grievances and to press for their rights but also was keen and insistent upon self-purification. He also awakened in the Indian settlers in South Africa a sense of duty to the motherland. As a result they contributed part of their earnings for the benefit of their countrymen in the hour of their adversity. They contributed whole heartedly during the terrible famines of 1897 and 1899. Even the indentured Indians gave their share in the contributions. Thus service of the Indians in South Africa ever revealed to him new implications of truth at every stage. To quote Gandhi himself :

> "Truth is like a vast tree which yields
> more and more fruit, the more you nurture
> it. The deeper the search in the mine of
> truth, the richer the discovery of the
> gems buried there, in the shape of
> openings of an ever greater variety of service.[4]

Like a true Jain, Gandhi was in the habit of practising tolerance and did not lose his mental balance whenever insulted. It was his firm conviction that all the good actions are bound to bear good fruit in the end. Once in South Africa, the Chief of the Asiatic Department wrote a letter to him informing him that his name from the deputation had been omitted. The co-workers could not bear this and proposed to drop the idea of the deputation altogether. But Gandhi convinced them by saying that his personal insult was nothing before the humiliation of the whole community. This echoes his concern for the macro-cosm rather for the micro cosm.[5]

Fasting is at the very root of Jain culture. Born in a *Vaiṣṇava* family and of a mother who observed all sorts of hard vows, Gandhi, too, observed the *Ekādaśı* and other fasts. He used to observe not only the *Vaiṣṇava* but also the *Śhaivite* vows and also visited the *Śaivite* and *Vaiṣṇava* temples. He observed *'pradoṣa'* in the whole of the month of *śrāvaṇa.* While in South Africa he always helped and encouraged four and five Muslims staying with him, in keeping all their religious observances. He also took care to see that they offered their *namāẓ.* He also considered it his sacred duty to encourage the Christians and Parasi youngsters there to follow their respective religious observances. So in a way his was liberal attitude towards all the religions of the world. This also echoes his philosophy of non-Absolutism. And this brings him closer to Jain culture. Moreover, fasting to Gandhi was a means of self restraint. If undertaken with a view to self-restraint[6] it helped to curb animal passion.

Indeed fasting is one of the means to gain self-restraint, but if physical fasting is not accompanied by mental fasting it is bound to end in hypocrisy and disaster.

At times, Gandhi observed fasting as a means of penance. Once when he was in Johannesburng he received tidings of the moral fall of two of the inmates of the *āśrama* at Phoenix.

He realising that only the guardian was responsible for the lapse of his wards decided to observe a penance. He imposed upon himself a fast for seven days and took a vow to have only one meal a day for a period of four months and a half. According to him this was the only way to make the guilty parties realise his distress as well as the depth of their own fall.[7]

Brahmacharya means control of the senses in thought, word and deed. Gandhi was a truth *brahmachārī*. His main object was to avoid having more children. Whilst in England he had read something about contraceptives but he believed more in sublimation as opposed to outward means i.e. he began to strive after self-control. He and his wife, Kasturba, began to sleep on separate beds. He retired to bed only after the day's work had left him completely exhausted. The great potentiality of *brahmacharya* became more and more patent to him as in *brahmacharya* lies, according to him, the protection of the body, the mind and the soul. However, so long as thought is not under complete control, complete *brahmacharya*, is not possible. Gandhi thought that those who desired to observe *brahmacharya* with a view to realising God must assure that their faith in God was equal to their confidence in their own effort. To quote Gandhi himself :

> *Viṣayā* vinivartante nirāhārasya dehinaḥ
>
> rasavarjam raso' pyasya paraṁ dṛṣṭvā nivartate'.

(The sense objects turn away from an abstemious soul, but leave the relish behind. The relish also disappears with the realization of the Highest.)[8]

Gandhi was a true follower of *ahiṁsā*. Once he was called to attend the meeting where the question of cow-slaugher was to be discussed. But Gandhi thought that there was nothing to be discussed in it. He was of the opinion that the Muslims should stop cow-slaughter out of regard for the religious sentiments of the Hindus and from a sense of duty towards them as neighbours and children of the same soil.[9] Later in 1946 when there was Hindu-Muslim riot in Noakhali, he fearlessly moved about without caring a bit for the bullets flying all around. Even during the freedom struggle he always took recourse to the doctrine of non-violence.

Gandhi also favoured the doctrines of *asteya* and *apariagraha.* Non-stealing is the quality of a true Jain. Gandhi, who committed a theft when he was fifteen by stealing a bit of gold out of his brother's armlet, very much repented afterwards. He realised that there could be no atonement without a clean confession.[10] Even during his school days when the Headmaster asked Gandhi to copy down, from the copy of his friend, the correct spelling of the word 'Kettle' he flatly refused. This echoes his honesty as well as his philosophy of non-stealing. He also favoured the concept of *aparigraha.* This is why he never encouraged storing wealth, rather believed in its equal distribution.[11]

Thus we find that Gandhi, like a true Jain, observed all the doctrines propouned by Lord Mahaveer. His stress on truth, non-violence, *brahmacharya,* trusteeship, fasting etc. bring him closest to Jain philosophy. Moreover, he not only preached but also unlike most of the politicians practised himself. Gandhi's advice on sex, violence and wealth provided the masses with a format for discussing acute moral dilemmas. For this reason, it would be incorrect to read Gandhi an *ahimsa* and *brahmacharya* as one would a text. They should rather be read like a myth or a saga. Indeed, absolute truth was his sovereign principle and non-violence the method of pursuing it. The most significant illustration of the influence of *ahimsā* is that Gandhi calls Rajachandra his *guru* in inculcating in him the spirit of *ahimsā.*

Thus Gandhi can be rightly called an incarnation of Mahaveera.

References

1. M.K. Gandhi, *The Story of My Experiments with Truth* (Great Britain : Penguin Books, 1952) Introduction.
2. *Ibid*, p. 192
3. *Ibid*, p. 370
4. *Ibid*, p. 206
5. *Ibid*, pp. 240-241
6. *Ibid*, pp. 302-304
7. *Ibid*, p. 312
8. *Ibid*, pp. 195-200.

   C.f. विषया विनिवर्तन्ते निराहारस्वय देहिन: ।

   रसवर्ज रसोडप्यस्य परं दृष्ट्वा निवर्तते ।।

   Śrikmad Bhagavadgitā, 2.59
9. *Ibid*, p. 430.
10. *Ibid*, p. 40.
11. *The Times of India*, New Delhi Edition, Oct. 4 '99, p. 13.

Ṛṣabhadeva : The First Tīrthankara

13

Vijayā

Ṛṣabhadeva was the son of Nabhiraj and Marudevi. Childhood of Ṛṣabhadeva was spent in the civilization.

The time-cycle was changing fast. Wealth of Nature was dwindling, and the number of consumers swelling day by day. This resulted in conflicts, quarrels and disputes. Tendency to hoard was born in the mind of the peaceloving people. Worry for future lessened contentment and generosity and mutual enmity, hatred and malice grew.

Nabhiraj handed over the leadership of the people to his worthy son Ṛṣabhadeva. It was really a very difficult time. Then the future of the human race hang between hope and despair and men were really in need of an energetic leader such a leader they found in the person of Ṛṣabhadeva. He led the people with great skill and competence. In his heart overflowed the sea of compassion for the human beings. He by all means gave practical advice in respect of production and conservation of useful means of subsistence. He acquainted people with the methods of watering plants, planting trees, cooking food, trading, making pots, wearing clothes, treating the ill and maintaining the progeny etc.

To protect the people from cold, heat and rains he taught them the art of founding villages and towns. Vinītā, later on known as Ayodhyā, the first town of India, was founded under his supervision. He taught people to be industrious, to control Nature and take the desired work from it. The first victorious journey to get control over Nature, started under his leadership.

Lord Ṛṣabhadeva, who was in full youth led the subjects with great skill. For establishing the institution of house-holder the question of marriage arose. As already noted, in this epoch there was no definite dignity attached to human life. From the point of view of civilization, it definitely was an under-developed epoch. Then the custom of marriage did not exist. Ṛṣabhadeva established the institution of family and for this he started the system of marriage. So with the advice of Nabhiraj and Indra, his marriage was performed with two girls, Sumangala and Sunanda. In that epoch it was the first marriage. It set an ideal before the people.

Sumangala gave birth to Bharat. He was a great genius and worthy ruler. Later on he conquered all the six parts of India and became the first universal monarch of the present era. The *Bhāgavatapurāṇa* states that after his name our country has been named Bharatavarsha. Bahubali was the son of Sunanda, Ṛṣabhadeva's second wife. He was a well-known and brave warrior of his time. His physical stength was unrivalled. He was a young man of highly independent nature. When Bharat became the universal monarch he compelled Bahubali also to be his feudatory but the latter did not agree to it. He respected Bharat as his elder brother but to obey him as a ruler was quite against his independent nature. At last duel took place between them in which Bahubali defeated Bharat. But because of humiliating his elder brother, asceticism arose in him and so renouncing his family, kingdom, treasure and power he turned an ascetic. From this incident Bahubali's independent nature, contentment, self-respect, bravery and piety can be well ascertained.

Besides, Bharat and Bahubali, Ṛṣabhadeva had other ninety-eight sons. They all were quite simple and contented. They accepted initiation under the Lord Ṛṣabhadeva. Ṛṣabhadeva had two daughters, Brahmi and Sundari. Brahmi was born of Sumangala and Sundari of Sunanda.

Brahmi and Sundari were quite intelligent and wise. Ṛṣabhadeva provided them high education. Brahmi achieved efficiency in script, grammar, prosody, logic, literature and rhetoric. Sundari exhibited extra-ordinary talent in mathematics. Ṛṣabhadeva was the first man to provide education to his daughters.

Lord Ṛṣabhadeva was not a supporter of only literary education but also attached great importance to such arts as were useful for human existence. In his opinion the greatness of house holder's life depends on arts and industry. So he taught sixty-four arts to women and seventy-two arts to men. Thus he was the first educationist of his era to a bring about wonderful combination of arts and crafts in the education of both men and women.

To keep the oraganization of the people moving in proper order, Ṛṣabhadeva divided mankind into three classes; *Kṣatriya, Vaiśya* and *Śūdra.* Those who were efficient in handling weapons, could protect the people in the days of adversity, proved good rulers and kept the defaulters under control, were designated as *Kṣatriyas.* Those who were expert in trade and commerce, cultivation and cattle-rearing were called *Vaiśyas* and those who served the people came to be called *Śūdras.*

Lord Ṛṣabhadeva's son, the great king Bharat, established the *brāhmaṇa* caste during his rule. Those who devoted themselves to learning, taught the people and preached the right path came to be called *brāhmaṇas.*

In establishing caste-system Lord Ṛṣabhadeva attached importance to action, not to birth. The present-day difference of higher and lower caste based on birth is the gift of the caste-ego.

From the very beginning Ṛṣabhadeva's heart was full of ascetic sentiments. But with a view to public welfare he first led the house-holder's life and tried to well organize the human society. As soon as it fully moulding itself in the frame-work of civilization began to move forward on the path of progress, Ṛṣabhadeva transferred the responsibility of the administration to his worthy sons, Bharat and Bahubali, and himself accepted ascetic initiation. He kept standing in meditation in lonely and solitary forests. Those days he observed, complete silence. He talked to none for one year. He was so much engrossed in practising religious austerity that he did not take even food and water for the upkeep of his body.

Four thousand men also accepted intiation along with Ṛṣabhadeva. Among them were public leaders who had great love for the Lord. They had not accepted asceticism resulting from self-realization but owing to their love for the Lord, followed him. So they could not enjoy spiritual bliss in ascetic life. Hunger and thirst perplexed them. As the Lord observed complete silence so they could not know what to do and what not. At last they all left the path of asceticism and began to reside in huts in the forest and live on wild roots and fruits. History of the origin of different faiths and sects begins from here.

Lord Ṛṣabhadeva practising abstinence observed continuous fast for twelve months. He calmly bore even the most dreadful physical distresses. After the lapse of twelve months he thought, "So far as I am concerned I can observe long fasts, can attain self-welfare, hunger and thirst cannot make me unsteady but what will be the fate of other *Sādhakas* who are following me. They will not be able to observe such long fasts. Their body will not survive in this way. I see how badly the four thousand poor *sādhakas* have deviated from their path. In the interest of the future *Sādhaks* I should myself take food." So he entered into a town for begging food. Then the people did not know the rules regarding giving food to the ascetics. So he could not get unblemished food fit for him. Many people offered him elephants and horses and even trays full of jewels. At last Shreyansa, the prince of Hastinapur, offered sugar-cane juice. This was the first day of offering food to an ascetic. This third day of the bright half of Vaiśhākha is even today celebrated as a festival in the form of *Akṣayatṛtiya.*

Lord Ṛṣabhadeva observing various austere penances remained deeply engrossed in self-realization. When he reached the highest point of spiritual attainment then, he under a banyan tree realised *Kevalajñāna.* The Lord after attaining it delivered religious sermons and explained the duties of the ascetics as well as the house-holders. These very sermons formed the basis of Jainism.

He attached equal importance to both men and women. So he established four-fold Order; Order of female ascetics, Order of male ascetics, Order of male disciples and Order of female disciples. His first *gaṇadhara* was Ṛṣabhadeva the son of Bharat. Brahmi and Sundari, the two daughters of Ṛṣabhadeva, became the chief female ascetics. He received on the eleventh day of the dark half of Falguna and attained deliverance on the eighth day of the dark half of Magh. Even today on the eighth day of the bright half of Chaitra Lord Ṛṣabhadeva's birth-day is celebrated.

Ṛṣabhadeva was the first saviour of mankind. His name shall remain immortal in the history of India. He was not a doyen of only Jainism but also of the world. It was the result of his greatness that, even Vedic religion accepts him as an incarnation. In the *Srīmadbhāgavata* his greatness has been loudly proclaimed. It is written there that he was a great teacher of even the Vedas. Later on, he taught the path of liberation to those who were tainted with worldly passions. The note of the Lord's greatness reverberates with equal force both in the Jain and the Vedic traditions.

Mahaveer : A Self-Enlightened Sādhaka

Vandanā

14

Mahaveer did not undergo initiation under any teacher. His family was the follower of lord Parshvanath. He could have been easily initiated in his tradition. But Mahaveer did not want to get himself attached to any of the existing sects or in the line of thought as in his eyes the utility of the formal tradition had been reduced in the changed environment. So he did not like first to unnecessarily accept it and later on to break away from it. So from the very beginning he proceeded all alone in the quest of his own path.

The stream which flows piercing the hard rocks of the mountains does not get readymade path. It goes on flowing and the path is itself made. In the same way Mahaveera also was the maker of his own path of *Sādhanā*. His inner discretion was awakened. So what appeared right to him he did it. He was not a blind follower of what has been done once or twice. He continued his experiments in connection with *Sādhanā* and proceeded ahead, sometimes rejecting things old and accepting things new. In the beginning he took his meals in the utensils given by the house-holders but later on renouncing it became a *Karapātrī*. Once being moved by compassion, he gave, his only cloth to a beggar. Once during the rainy season he moved to other place. These are such actions as are from the point of view of traditional ethics prohibited for an ascetic. Thus we see that Mahaveera's *Sādhanā* was not connected with any of the so-called religious works nor attached to any sect nor to any teacher. It was actually based on his own independent experience. Whenever there was any need of amendment he did it, when there was need of any change he changed it.

Mahaveera's *Sādhanā* of noble conduct was not inert but sentient. Greatmen are creators of superior thinking, not the followers of any of traditional thinking coming down in the form of a sect. Mahaveer like *Garuḍa* flew freely towards the dignity of his future. He did not tie the wings of thinking to the lifeless stumps of any short. He did not accept the stale truth given in charity by a sect. He wanted fresh truth acquired by his own efforts.

Mahaveera's *Sādhanā* was an ascetic achievement through his own effort. Getting presents or alms, from anyone in the name of devotion was not Mahaveera's philosophy of life. His steps were firmly moving ahead on the lonely path. Strong flames of truth burnt in his heart. In its very light he moved on towards his aim. His life was totally free from fears. Neither was he himself afraid of anyone nor ever frightened anyone else. His *Sādhanā* was for the pleasure of identifying himself with the Supreme Soul. It was beyond fear, temptation, passion and malice. Often he meditated under the cloudless sky in lonely forest full of violent beasts and sometimes in the cremation ground surrounded by the shadow of death. In mountain-caves, sky-touching high peaks of mountains and in desert, and some times stood as a staff on the lonely banks of rivers. While in *Sādhanā* he lived motionless for months together without food and water. Though living in the body yet aloof from bodily exprience, free from the love of life and fear of death. In the language of Jain *Sādhanā* it is called *kāyotsargamudrā* in which a *Sādhaka* engrossed in the search of self, kept only self in his memory, nothing else.

In the epoch of Mahaveer the mind of the people had become quite vitiated. Mahaveer who for the welfare of the world had left home was tortured in many ways by the ignorant people of the time. They were so horrible that even today hearing about them the body and the mind of the kind man begins to shiver. But Mahaveer was like a calm ocean in which no tempest arises. He was the highest ideal of friendliness. He loved not only flowers but also thorns and had an innate feeling of compassion and welfare even towards them who tortured him. He maintained that what he was getting, was the fruit of his own actions.

The root of Mahaveera's formula of equality is the Theory of Action. Good or bad, whatsoever is the result of our own actions. Thus his Theory of Action fixed total responsibility of being the agent on man himself. Later on he went beyond this. There remained no thought of 'my' and 'your', 'doing' and 'getting' the results. His mind had totally become free from all such thoughts. It took Mahaveer twelve and a half years in getting this spiritual condition. This period of his long *Sādhanā* was like that of his post-*sādhanā* life, greatly important.

When Mahaveer had renounced home then in the name of dress he possessed nothing except a single piece of cloth. One day when a beggar approached him the half of the piece of the cloth he gave him. At the time of giving it he was free from uncertainty and also so later on. His decisions were always based on internal experience. His voice was the voice of his inner soul and so nearest the truth. Later on the remaining half also blown away by the gust of the wind, got entangled in a side-way·bramble and the beggar who had received the first half picked it up also. At this Mahaveer neither said anything nor asked him to surrender it. Since then he lived fully naked. The divine form of that non-desire and non-attachment became an example. If he got anything it was well, if not, then also well.

Mahaveer proceeded alone on the path of *Sādhanā*. Solitariness and loneliness never disgusted him, rather in this condition he experienced the unique bliss of carefreeness. Once when he was stepping towards a deserted and lonely place people informed him that there lived a highly terrible and poisonous snake; anyone going near it was killed. Even its angry glance resulted in man's immediate death. But Mahaveer did not stop. Fear did not touch him. He went near the hole of the snake and stood over it. The serpent came out from its hole and inflicted bite after bite in his feet. But Mahaveer rained nectar in exchange for poison. No enmity, no revenge no fear. He instructed it in a flowerlike soft language. It subsided its poison not only of the body but also of the mind. Thus Mahaveer turned poison into nectar. The saltish sea turned into a river of sweet water.

Once Mahaveer was standing in meditation outside a village. A shepherd of that village leaving his cattle-grazing near Mahaveer went to the village asking him to look after his cattle so that they might not go stray. Mahaveer was in *samādhi*. So he could not hear the shepherd's words. When the shepherd returned he did not find his cattle there. He asked Mahaveer about them but he kept quite. Getting no response the shephered thought that Mahaveer was a thief. He started beating him mercilessly. Mahaveer remained quiet. He was testing as to how much and howfar he was able to maintain silence in such a situation. Shephered's beating and abuses continued. Indra, the king of Gods, arrived there and told the shepherd about the real position of Mahaveer. Then Indra proposed to stay with Mahaveer to protect him from troubles. But Mahaveer said that he need nobody's help. He would achieve his aim by his own labour.

Once a shephered thrust wooden spikes into Mahaveer's ears for not responding to him. But Mahaveer remained silent. This was the climax of forbearance and sublime lusture of forgiveness. His mind had become so devoid of all feelings that he did not feel the pain. The reason was that he had learnt the art of giving quick turn to his feeling. His spirituality was not external but internal. On such occasions he at once delved deep inside and there he get the right solution. The period of Mahaveer's *sādhanā* is full of extra-ordinary and surprising incidents. Such incidents provide light in the darkness of pleasure and pain and enlighten the dark path of life of a *sādhaka.*

Mahaveer was an ascetic but his penance remained within discreption. It neither expanded nor contracted. It was natural, neither depression in its continuance nor depression in discontinuance. There was natural state of mind which is the essence of *sādhanā.* We can well say that Mahaveer did not perform penance but it was self-performed. Thus his penance was not for blindly torturing the body.

When Mahaveer needed food he went to a town and accepted alms from different houses and even taking food at the right time was for him a *sādhanā* of quietitude itself. Sometimes he took a pre-vow (*abhigraha*). When he did not get food in accordance with it he returned without taking food. In this way day after day passed and he did not get food. Even then he remained happy. If he got food no happiness, if he did not get it no depression. He maintained balance in both the conditions. He was in true sense, a "great hero".

When he reached unknown and uncivilized regions there he had to face insult. People threw dust on him and hit him with pieces of stone and also let loose dogs to bite him, but he kept quiet and said nothing to anybody. He was the ocean of the milk of forgiveness. Fire falling in a grassless land is automatically extinguished.

Sometimes it so happened that strange people wanting to know about him, asked who he was. Instead of saying that he was a prince of Vaishali, he simply said that he was a *Śramaṇa.* Such a statement is possible only from the mouth of an ego-free mind. Mahaveer irrespective of contempt or praise proceeded ahead. He was neither encouraged by praise nor discouraged by contempt. With firm faith and balance of mind he moved forward in search of the truth. Mahaveer's *sādhanā* was neither estimulated nor motivated by anyone. Born from his own inner strength it was self-inspired *sādhanā*. This is why Mahaveer, untouched by honour or insult, had been, by means of different experiments, making efforts in the direction of knowing the unknown truth and on the basis of scientific anyalysis drawing right conclusion in respect of the problems of life.

Mahaveera's search for the truth did not stop at the turnings of traditional faith. There existed no delusion in his mind regarding the current religious values.

A few references available regarding Mahaveera's *sādhanā* acquaint us with the actual position of his spiritual *Sādhanā*, which was free from current rules and sub-rules of the society. It had established contact with his infinite self. During his *Sādhanā* even in the state of insecurity he made no effort for security. In respect of his objective he had firm faith. Mahaveer even in fatal situations did not allow the fire of his *Sādhanā* to be extinguished but keept it burning even during storms and tempest.

Thus Mahaveer's *sādhanā* was that of experiment of the truth, not of body but of the soul. It was that *sādhanā* which frees the *sādhaka* from the fetters and shows infinite light of the truth and makes him swim across the stream of infinite *maya*.

Immortal Teachings of Mahaveer

15

A. Poddar

- The feeling of reverence with which you have renounced home and opted for the path of *Sādhanā*, should continue with faith, keeping your ego at a bay.[1]
- Those who are ever-awake and those who have control over their desires, have defeated all the conflicts and have realised the truth.[2]
- A talented *Sādhak* should make up his mind through self-realisation that whatever mistakes he had made in the past through negligence, are never repeated in the future.[3]
- He who knows his own inner feelings of joy and sorrow, knows the joy and sorrow of the outer world.[4]
- Thinking that human life is a golden opportunity in the middle of ever-flowing life, the patient *śādhaka* should not waver even for a second.[5]
- A self-knowing *sādhaka*, know what is past is past, keeping in mind the remaining period of life, you should avail the opportunity you have.[6]
- Those who have not been able to cross the flow of sex, cannot conquer the flow of the world. Those who could not find the shore due to their indulgence in the activities of the senses, cannot reach the shore of the world. Those who have not conquered the feelings of attachment and hatred, cannot go beyond.[7]
- All the creatures of the world love their own lives, all like pleasure and dislike pain, all dislike killings and like

life, all love to live, all love life, what may come, hence donot kill anybody.[8]

- Don't hoard, if you get much. Keep yourself off from the feeling of hoarding.[9]
- He who had intense desire, is afraid of death. One who is afraid of death, is far from eternal pleasure. But he who is free from desire, he is neither afraid of death, nor is he away from bliss.[10]
- *Bandhana* Attachment and salvation reside, indeed, in the soul.[11]
- You are he whom you want to kill, you are he whom you want to control, you are he whom you want to trouble. This feeling of oneness is the fundamental of non-violence.[12]
- One who is soul, knows all, one who knows all is the soul. The medium through which knowledge is acquired, is the soul. Soul can be realised only through the power of knowledge[13].
- First of all, try to understand attachment and then after knowing it break it.[14]
- One who cannot discipline himself cannot discipline others.[15]
- The only sign of a man who knows all, is not to kill anyone. Non-violence based on equality is the root of "*karma*". This is all we should keep in mind.[16]
- Try to understand; understand only in this life. Why do you not understand? It is hard to understand in the other world after death. As the past nights never return, so the past life never returns.[17]
- He who is free from all types of fear, is a man who sees all alike.[18]
- Like a turtle, a *sadhaka* should feel safe by keeping all his activities inward.[19]

- He who sees the whole world alike, neither loves anybody nor hates anybody.[20]
- Salvation is achieved only by a proper co-ordination of thought and action.[21]
- None should preach religion for material gains. One should preach without any material desire, with a glow on his face and with a sense of duty.[22]
- The heart of a *Muni* is clear like the water of a river in the winter season. He is like a bird which is free and like the earth which bears joy and sorrows alike.[23]
- Those who are helpless and homeless, should always be helped and sheltered.[24]
- We should be ever-ready to serve the ailing.[25]
- Non-violence helps all—whether moving or stationary.[26]
- No creature of the world should either be neglected or talked ill of.[27]
- We should neither think ill nor talk ill.[28]
- He who gives up all those attractive and pleasant things available to him, is the real *tyagi*.[29]
- A self-knowing *'sādhaka'* should have a clear, controlled, doubtless and meaningful tongue, he should keep in mind that it should be free from talkativeness and should not hurt others.[30]
- The man who is angry, unwise, proud, ill-tongued, cunning and crafty, is swept away by the currents of the world in the same way as wood is swept away by the currents of water.[31]
- Those who serve their *achāryas* or *upādhyāyas* or *gurus* and obey them, their knowledge grows like a tree which is watered properly.[32]
- Wicked and harsh words which come out of our mouth become the cause of enmity and fear.[33]

- One should have control over oneself. It is really very difficult. Only he who has a control over himself is happy here and hereafter.[34]
- It is always better to control our desires by self-control and penance than to be controlled by others under compulsion.[35]
- Never be angry even with yourself.[36]
- Only a simple soul is pure; religion resides only in a pure soul.[37]
- Whether a beggar or a family man, only he attains salvation whose conduct is good.[38]
- Your body is decaying; your hair is greying; the strength of the body is vanishing; therefore, O Gautam! do not delay even for a second.[39]
- A man cannot learn due to ego, anger, laziness, disease and desire to have sex.[40]
- A well-educated man neither blames anybody nor gets angry with his friends. Not only this, even when he differs with his friend, talks of his good in his absence.[41]
- Nights which are gone never return again but the nights of one who follows religion are successful.[42]
- He who is a friend of Death, or can escape Death or knows that he will never die, can depend on tomorrow.[43]
- Faith in religion can set us free from attachment.[44]
- Live fearless like a lion; don't be afraid of the criticism of others.[45]

References

1. *Āchārāṅga* 1.1.3
2. *Ibid.* 1.1.4
3. *Ibid.* 1.1.4
4. *Ibid.* 1.1.4
5. *Ibid.* 1.2.1
6. *Ibid.* 1.2.1
7. *Ibid.* 1.2.3
8. *Ibid.* 1.2.3
9. *Ibid.* 1.2.5
10. *Ibid.* 1.5.2
11. *Ibid.* 1.5.2
12. *Ibid.* 1.3.2
13. *Ibid.* 1.5.5
14. *Sūtrakṛtāṅga* 1.1.1.1
15. *Ibid.* 1.1.2.17
16. *Sūtrakṛtāṅga* 1.1.4.11
17. *Ibid.* 1.2.2.11
18. *Ibid.* 1.2.2.11
19. *Ibid.* 1.8.16
20. *Ibid.* 1.10.6
21. *Ibid.* 5.11.1
22. *Ibid.* 2.1.15
23. *Ibid.* 2.2.38
24. Sthānāṅga 8
25. *Ibid.* 8
26. Brśnavyāakaraṇe 2.1
27. *Ibid.* 2.1
28. *Ibid.* 3.1
29. Daśavoukālika 2.2
30. *Ibid.* 8.4
31. Daśavoukālika 9.2.3

32. *Ibid.* 9.2.12
33. *Ibid.* 9.3.7
34. *Littarādhyayana* 1.15
35. *Ibid.* 1.16
36. *Ibid.* 1.40
37. *Ibid.* 3.12
38. *Ibid.* 5.33
39. *Ibid.* 10.26
40. *Ibid.* 11.3
41. *Ibid.* 11.12
42. *Ibid.* 14.25
43. *Ibid.* 1.27
44. *Ibid.* 14.28
45. *Ibid.* 21.14

Concept of a Jain; An Ascetic and a Teacher in Jainism

16

Shalini

A Jain desires peace of the whole world and looks at all with eyes full of love and affection.

A Jain reciting the sweet song of peace shows to all the light of knowledge; sounding the kettle-drum of dutifulness spreads the fragrance of love and awakens all from the sleep of ignorance and delusion.

A Jain causes to flow the Ganga of consciousness and knowledge; he is a living idol of sweetness and is a firm and brave warrior of the field of duty.

A Jain is an invincible conqueror of the perversions of the mind and sense-organs and always remains alert towards self-victory.

Any traveller of the path of self-victory, belonging to any country, sect or caste is a Jain

A Jain speaks very little but speaks sweetly as if nectar is flowing. His sweet speech melts even the most cruel heart and makes it soft like butter. Wherever his foot-steps fall there welfare spreads.

The company of Jain and walking with a Jain give extra-ordinary peace to all. Pink flowers of his smile make the human life fragrant. All his activities fill charm and happiness in life.

A Jain is deep, very deep, he is not shallow and spilling. In the depth of his heart lie inexhaustible store of energy and peace; fast currents of patience and valour and sweet tinkling faith and faultless devotion.

None can purchase a Jain with money, frighten him by threats and win him over by flattery. For the sake of principle, if required, he in a moment kicks off even the divine empire.

In the renunciation of a Jain there is the fragrance of divine life and a peculiar union of self-welfare as well as universal welfare. His strength is not for destruction, rather it gives strength to the weak, establishes auspiciousness and destroys inauspiciousness.

For the sake of piety and freedom a Jain happily embraces even death. He lives and dies in the full glory of the soul.

In the poverty of a Jain, there is coolness of satisfaction and in his wealth a share of the poor.

A Jain boarding the boat of self-faith performs his journey fearlessly and independently. Under the shining banner of discretion he brightens his personality. *Arihant who is free* from passion and malice and vanquisher of desires is an object of his worship.

A Jain, firm and unmoved like the Himalaya, instead of himself flowing with the current of the world, attracts the world itself towards him and influences the human world with his bright character. So one day even the gods with respect and devotion, bend their heads in the service of his feet.

Jain eats less than his appetite.

Jain speaks very little.

Jain does not laugh unnecessarily.

Jain obeys his elders.

Jain is always active.

Jain does not fight shy of the poor.

Jain does not strut in prosperity.

Jain is not annoyed with anyone.

Jain deceives none.

Jain while supporting the truth is not afraid of anybody.

Jain is generous at heart.

Jain speaks useful, limited and sweet words.

Jain smiles even in distress.

Jain remains humble even during prosperity.

To become a Jain is a matter of great fortune for a *sādhaka.* In developing Jainhood lies the highest welfare of the human life.

Ascetic

An ideal ascetic is an immortal *sādhaka* of self-realisation renouncing the worldly prosperity, in search of self-peace and self-realisation and holding the bright and brilliant lamp of knowledge moving forward on the path of transforming individual soul in to Super Soul.

He alone is a deal ascetic who creating a purifying atmosphere in the world, is fast proceeding ahead to the summit of *sādhanā.*

He alone is an ideal ascetic who taking the help of knowledge and action ever moves with the full strength of the soul in search of the highest truth.

He alone is an ideal ascetic, a *sādhaka* of equality, the final aim of whose *sādhanā* is to attain accomplishment.

He alone is an ideal ascetic the constant prayer of whose life is self-vision, whose worship is the *sādhanā* of the three Jewels, Right View, Right Knowledge and Right Conduct; who daily sports in self-identity and freedom from perversion itself is the final resting place of the journey of his life.

He alone is an ideal ascetic who is forgiveness incarnate, in whose heart even a feeble streak of anger never arises and on all sides peace and natural sympathy shine. Reciting the spell of forgiveness he, like great Dhanvantari divine physician, frees the world from the diseases of quarrel and excitement and in whose noble company strong appetite of search for essence of the soul is aroused.

He alone is an ideal ascetic in whose view a beautiful nymph and an ugly hunch-backed woman, both are only puppets, who is real renouncer of gold and woman, is not pierced by the poisonous arrows of greed and delusion, is the king of kings and universal king among universal kings and is an independent owner of the imperishable treasure of vast spiritual prosperity of the inner life.

He alone is an ideal ascetic who wants freedom from sinful activities themselves not only from the fruit of the sin, pays greater honour to the inner voice of the soul than to the attractive words of the deceitful world, who by his forceful and independent thinking creates a new epoch and atmosphere and thus by his simple, sinless and faithful life acquaints the human society with true secrets of life.

He is an ideal ascetic who does not run away during the moments of distress but tries to get rid of them in a pious way, by the strength of his spiritual power rules over troubles, peacefully and happily drinking the poison of the world in its place, rains nectar, observing the principle of showing goodness not wickedness towards the wicked he showers flowers on him also who throws pieces of stone at him and also pleases him who hurls abuses on him and reveals his full divinity by doing favour in response to mischief.

He is an ideal ascetic whose non-violent and nectar-shedding vision creates bliss even in the forest, converts poison into nectar and befriends even an enemy.

He is an ideal ascetic who disdains not the sinner but the sinful condition of mind, in whose disdain also there exists love and honey of affection flows from it, his cooling stream of love extinguishes even the blazing fire of malice, the magic of his love melts even the hardest heart of a sinner.

In Jainism great importance is given to renunciation. Renouncing the pleasures and luxuries and engaging oneself in spiritual practices is the main characteristics of the life *par excellence.* This is why a Jain ascetic while practising penance leads a very hard life. Even during the coldest season they do not warm themselves by fire; though their mouths dry, they do not drink unboiled water and howsoever hungry, they do not eat green vegetables like roots and sugar candy. They do not even touch fire and green vegetables. After sundown they do not take their meals. They do not take even water at night. They walk long distances on foot without using any vehicle. They neither eat forbidden food like meat and fish etc. nor smoke, nor use intoxicants. They observe complete celibacy, do not marry and possess no money or property.

Five Great Vows

In Jainism five great vows have been prescribed for Jain ascetics which they have to observe compulsorily :

1. Ahimsā : Not committing violence; mental, verbal or physical nor causing others to do so nor support its commission by others.

2. Satya : Not telling a lie; mental, verbal or physical nor cause others to tell a lie nor support telling a lie by others.

3. Asteya : Not committing theft; mental, verbal or physical nor cause others to do so nor support its commission by others.

4. Brahmacharya : Non indulgence in sexual activities; mental verbal or physical, nor cause others to do so nor support others indulgence in it.

5. Aparigraha : Non-possession; mental verbal or physical, nor causing others to possess nor support possession by others.

The life of a Jain ascetic presents a true picture of penance and renunciation. Every body cannot follow such austere rules and regulations. This is why true Jain ascetics are quite a few in numbers.

Teacher

Jainism is not a blind faith which accepting any pleasure-seeker as a teacher starts worshipping him. It worships merit, not person or dress. Jainism worships conscious souls and spiritual merit. Thus in Jainism that person is regarded as a teacher who has given up lust for wealth and worldly pleasures, is free from delusion, excitement and wordly affairs, himself observes the vows of non-violence and truth and preaches them to the people with a view to their welfare. He is a true teacher who places before the pupils the ideal of raising an individual soul to the position of the Supreme Soul. By his pious ideas and actions, he makes efforts to acheive this ideal.

A teacher dispels the darkness of the human mind and illuminate it. Except him none can reveal the truth to the man engrossed in worldly enjoyment and luxury. It is the teacher who can open the eye of knowledge.

In Jainism teachership is not confined to sectarian dress or external religious performances. Jainism is a spiritual religion so it requires spiritual excellence in a teacher. Whosoever irrespective of country, time and sectarian bias is engaged in the observance of non-violence and truth etc. and kindles the light of passionlessness in his heart is a teacher in Jainism.

Women observing Great Vows, are called *Sādhvis* (female ascetics). Jainism places them also in the category of teacher.

It is said 'select a teacher after strict scrutiny and drink water after properly filtering it'.[1]

Reference

1. *Jainatra ki jhānki* by Upadhyaya Amar Muni

Har Prasad Das Jain : Light House of Dynamic Social Consciousness, Philanthropist and Lover of Learning

17

Dinendra Jain

[Remedy of the wealth hoarded from before lies in its proper distribution. Charity is the utilisation of the available resources in the public welfare. Concept of charity is the greatest contribution of Jainism to humanity—Editor.]

Amongst many jewels in the district of Bhojpur, a luminous one came into being on the 8th April 1848 who by his philanthropic personality and social service lightened not only the local area or even the state of Bihar but covered a vast arena of our land by his benevolent work and charitable deeds. This great luminous personality was Babu Har Prasad Das Jain who was known as Deewan Das in his childhood.

Shri Har Prasad Das Jain alias Deewan Das was born in a highly cultured zamindar family of Arrah which believed in the principle of 'help others' and also practised it. His father Lala Mandil Das Jain was very rich and at the same time very kind. Har Prasad Das got a deep imprint of his father's nobility and since his very childhood was religious minded, and helpful towards the society. His wife, Smt. Jagmag Bibi, always joined hands with her husband in his religious and philanthropic work. However, they had no son and hence adopted Dhanindra Das, the first son of his cousin, Shri, Basudeo Prasad. They married their adopted son, Shri Dhanindra Das to Nem Sunder Bibi who was the sister of Devarśhi Dev Kumar Jain of Arrah. Sri Dev Kumar Jain and other members of his family were very much devoted to religion. He made ardous efforts to collect ancient religious manuscripts written on palm leaves from distant places in North and South India. He visited many temples, *granthāgāra* (libraries) and other places to pick up rare Jain canonical texts which lay neglected and were in a state of rot. He established the Jain Oriental Library at Arrah in 1903 which is a renowned research centre of Prakrit, Jainology and other religious studies.

Shri Har Prasad Das's daughter-in-law Smt. Nem Sunder Bibi who came from a renowned and devoted Jain family of Arrah helped her father-in-law, in propagating religious precepts and ideas. Sri Dhanindra Das and Smt. Nem Sunder Bibi built the school-building of Shri Jain Bala Vishram, Dhanupra, Arrah. They also installed a magnificent idol of Lord Bahubali which is a monolith in marble. It is a copy (1/4th in size) of the world-famous monolith statue of Lord Bahubali at Shramanbelagola in Karnataka. Shri Dhanindra Das had five daughters who imbibed the family-tradition and helped in enhancement of religion and social programmes in their respective family spheres.

In such a religious family surrounding Shri Har Prasad Das gradually came in to lime-light as a great lover of learning and devoted to social work. He had craving to help the down-trodden and neglected sections of the society and wanted to do some concrete work to improve their lot. He himself was not much educated but had a firm conviction that lack of education was the main reason of people's backwardness. He contacted many educationists and initially set aside a sum of rupees one lac for expansion of education in this district. With this amount a high school named Har Prasad Das Jain School was established at Arrah in the year 1920 which earned great name and fame in the district on account of good teaching, fine results, high discipline etc. Today it is reckoned as one of the ideal schools of Bihar. He also arranged for primary school-teaching where religious education was also imparted to students to develop their culture and character. He also wanted to establish a college at Arrah but before he could give a tangible shape to his dream, he left for his heavenly abode on the 17th Dec. 1920 at the age of 72.

In 1904 he got built a big *dharmaśālā* in the heart of Arrah town which provides shelter to a large number of people coming from outside. Special care is taken of Jain Saints, *Munis* and ascetics during their stay there. His religious fervour led him to establish a beautiful temple with Lord Adinath (Ṛṣabhadeo), the first Jain *tīrthankar* as the main idol on the first floor of this *dharmaśālā.* A fine artistic miniature in marble of five Jain *Siddha Kṣetras*—Śrī Sammeda Sikhar, Girnāra, Śrī Kailaśa Giri, Śrī Pāwāpuri and Champāpurī were also built by him adjacent to the main temple. The footprints of twenty-four *tīrthaṇkara* set in the miniature produce a picturesque sight in the temple and one is filled with devotion and joy while looking at them.

His donations for religious cause were not restricted to his own district but he sent money generously to other *thirtha* ksetras e.g. Sammed Sikhar (Giridih), Champapur (Bhagalpur), Pāwāpuri (Nalanda), Girnara (Gujarat) etc. He got beautiful temples constructed which earned name and fame for Arrah in distant places.

He also set up a charitable dispensary for ailing persons and a library in a portion of his *dharmaśālā.* A hostel at Patna named Har Prasad Das Jain Agrawal Hostel provides boarding and lodging facilities to outside students pursuing higher studies at Patna was established by him.

Prompted by philanthropic and religious urge in his heart, he executed a deed in 1918 and established Śrī Ādināth Trust expressing his benevolent aspirations in the Trust Deed and donated his entire assets and properties in its favour. He was known as *Danaveer* (a great donor) on account of donating all he had and thus became immortal owing to his noble deeds. Fourteen eminent persons were nominated by him as life-time trustees and their names appeared in the trust deed executed by him.

He executed another trust deed in 1919 wherein he expressed his strong desire to start a college at Arrah so that higher education could be imparted to the local students. He made a provision of a substantial sum of money to set up a good college, at Arrah.

A brief account of the working of the parent body, Shri Adinath Trust and its different institutions would provide a glimpse of the foresightedness, generosity and love for learning of Shri Har Prasad Das Jain.

Shri Adinath Trust

According to his trust deed executed in 1918, he donated his entire property in the name of the first Jain *Tīrthankar*, Shri Adinath and founded Shri Adinath Trust in 1919 having fourteen trustee-members, with the objective of charity, social work, benevolent and religious work. As per the trust deed the trust committee discharges religious and philanthropic work keeping in view the wishes and aspirations of the donor. It looks after the assets and properties of the Trust and manages different charitable, religious and educational institutions under it. He donated his entire *zamindari* and its income to this trust which later on vested with the Government of Bihar and only a meager sum is received on this account from the Government in the form of *zamindari* annuity. However, the trustees have made untiring efforts to increase the income of the trust so that greater help could be given to the needy and many other charitable and religious work could be done.

This Trust is registered under the Bihar State Digambar Jain Religious Trust Board. It is also recognised and registered as a charitable Trust by the Income Tax Commissioner for exemption in Income Tax under Sec. 80 G for donations given to it. A lot of benevolent work is done by the Trust as per budget and aspiration of the donor to provide help and shelter to pilgrims, to help the helpless widows, to provide financial help to needy persons in their daughters' marriages, illness, for meeting educational expenses of their children etc. Among the religious work donations are sent to *tīrthasthāne* religious places, to arrange religious functions, to look after ascetics, arranging *Bidhāna* and *Yajña* for world-peace etc.

The Trust is actively looking after the institutions established by Shri Har Prasad Das i.e. H.P.D. Jain *Dharmashala,* dispensary, Jain temples, H.P.D. Jain High School, H.P.D. Jain Shishu Samsthana, Arrah and H.P.D. Jain Agrawal Hostel, Patna. This trust established H.D. Jain College, Arrah in 1942 and played an important role in its development and management till 1962 when it became a constituent college of the Magadh University. At present also fourteen eminent persons are the life members of this Trust.

According to the wishes of Shri Har Prasad Das Jain as incorporated in his Trust Deed, in the event of death or resignation of a trustee, an able, honest, educated and religious minded person is elected as a trustee in the vacant place by the remaining trustees. He expressed his wishes by writing in the Trust Deed that he wanted his philanthropic institution to continue till enternity.

It is a matter of great pleasure that this Trust established by him is fully conscious of its responsbilities and always makes efforts to fulfil the aspirations of the donor.

H.P.D. Jain Dharmashala

Shri Har Prasad Das established a big *dharmashala* having two large countryards, in the heart of Arrah Town. Facility for stay is provided to pilgrims without any discrimination of caste, creed, religion etc. Shri Adinath Trust looks after it and has renovated it providing many amenities for the pilgrims.

There are, at present, 26 rooms available in it for the stay of *yātris*. Many rooms have been provided with special facilities. The beneficiaries number about 10000 per annum. About 50 reservations are made each year for marriages and other functions. The meeting hall provides well-furnished accommodation where a large number of meetings and functions are held every year. It may be added that it is the first *dharmashala* in Arrah town which started functioning with the broad imaginative social outlook of Shri Har Prasad Das Jain.

H.P.D. Jain Dispensary

Free Homeopathic treatment is provided to patients of all types in the dispensary set up in the southern portion of the *dharmashala*. An experienced and competent doctor has been appointed for the purpose. Free medicine is given in the morning and in the evening. About 10,000 patients get treatment each year. The Trust looks after the dispensary through a trustee who is incharge of it.

H.P.D. Jain Temple

Shri Har Prasad Das established a beautiful and attractive temple on the first floor of the southern portion of his *dharmashala*. The main idol is of Shri Adinath, the first *Tirthankara* of Jainism. Adjacent to this temple, glimpse of five *Siddh Kṣetras*—Shri Sammed Shikhar, Kailash Giri, Girnar, Champapur and Pawapuri—appears in marble in a very artistic style. Next to it is a spacious and well-ventilated room for meditation and study of religious books.

H.D. Jain College

This college was started on the 21st January 1942 on Basant Panchami for imparting higher education to the youth of Shahabad district as per the aspiration and wishes of Sri Har Prasad Das expressed in his second deed of 1919. Shri Ādinātha Trust contributed a sum of Rs. 1,55,500 at that time and played an important role in the establishment, management and development of the college. The college made rapid progress and became a famous college of Bihar and earned great name and fame. It became a constituent unit of Magadh University on the 9th April 1962.

This college imparts education in almost all the subjects in Arts, Science and Commerce faculties. Post-Graduate teaching is provided in most of the subjects.

A fine statue in marble of Shri Har Prasad Das was set up in 1976 by the Trust and was unveiled by Shri Baliram Bhagat, the then Speaker of Lok Sabha. A function is held every year on 17th December the *Punya tithi* (Death Anniversary) of the late Shri Har Prasad Das Jain.

This college, at present, is a constituent unit of Veer Kumar Singh University, Arrah and occupies a very prominent place in the district.

H.P.D. Jain High School

Shri Har Prasad Das established this school in 1920 donating about a sum of Rs. 1,00,000. The school is considered as one of the ideal educational institutions of Bihar because of its good teaching, high discipline and outstanding matriculation results which is almost 100 per cent each year. The students of this school get praiseworthy position in debate competitions, State Science exhibition and in other competitions like painting, drawing etc.

This institution has assumed a unique place amongst the minority Schools of Bihar inasmuch as it provides many facilities to its teachers in matters of payment of salary and allowances. This institution, no doubt, is fulfilling one of the main wishes of Shri Har Prasad Das Jain. It has about 2,500 students on its roll.

H.P.D. Jain Shishu *Samsthana*

To provide a strong educational base to children, a Shishu *Samsthana* was established in 1972 in the campus of H.P.D.

Jain High School. teaching is imparted to the students of class III, IV, and V. This institution has become very popular in Arrah town and has about 1000 students. Teaching is done in the morning hours.

H.P.D. Jain Agrawal Hostel

This hostel was established at Patna is 1925 in the heart of the town for outside students acquiring higher education. It is manged by a Managing Committee on which five trustees are nominated by Shri Adinath Trust. The Hostel accommodates above 25 students. A new block has been recently constructed providing further accommodation to 20 students. Constant effort is being made to get donations for construction of more rooms and renovation of old hostel building.

Great philanthropists and lovers of learning like Shri Har Prasad Das Jain are seldom born. The life and work of such persons inculcate sublime inspiration to individuals and to society as a whole. The following lines of H.W. Longfellow from his poem, "Psalm of Life" aptly fit to his personality.

"Lives of great men all remind us,
We can make our lives sublime,
And departing leave behind us,
Footprints on the sands of time".

Bulleshah : A Great Sufi Saint of the Punjab

18

C. Mohan

Saints are saints. Roses blooming in the rosaries belonging to persons of different castes, creeds and regions have same fragrance. "Editor"

Sufis are known as people following the path of *Sulahkul* (unity of all religions). In Sufism, patience is the key to staying firmly on this path. Basically Sufism is the core of all religions. It is purely a heart to heart transmission direct from God down to earth.

Bulleshah was the greatest Sufi saint-poet of Northern India, particularly the Punjab. His original name was Abdullashah. People out of love called him Babu Bulleshah, Sain Bulleshah or Bulla. Detailed and reliable information about his life is not available. Scholars have diverse opinions about him. He was born in 1680 in his ancestral village Uch Gilaniya. His father Shah Muhammad Darvesh had a deep knowledge of Arabic, Persian and *Quran Sharif.* He left Uch Gilaniya in search of his livelihood and settled alongwith his family in the 'Pando ke Bhattiyan' a village 14 miles south-east of Kasur (now in Pakistan). At that time Bulleshah was mere a child of six. He lived in Kasur all through his life. He died in this very city in 1757 at the age of 77.

Bulleshah's father Shah Md. Darvesh was the priest of the mosque of Pando ke Bhattiyan and also imparted elementary education to the children of the village. Bulleshah was Saiyyad by caste and by virtue of his lineage he was connected with Hazrat Muhammad on the one hand and Sufi thought and traditions on the other. Due to the pious life of his father he was highly respected by the people who called him *darvesh*. Even tody the *majār* (mouseleum) of the father of Bulleshah is situated in Pando Ke Bhattiyan where *Urs* is celebrated every year and the *kafiyas* of Bulleshah are sung.

Childhood of Bulleshah was spent under the loving care and affectionate guidance of his father and from whom he received his early education and *samskaras*. He received his higher education under well-known teachers like Hazrat Gulam Murtaza in Kasur then a famous centre of Islamic learning. There he received his education. Bulleshah owing to his intellectual and characteristic distinctions soon learnt much from such competent teachers.

Besides, being a great scholar of Arabic and Persian, Bulleshah had a deep study and knowledge of the Islamic and Sufi scriptures. When he got very close to God his erudition reflected a new vision. The spark which emerged in his heart by studying the scriptures and his lust to see God and search for an able guide enabled him ultimately to reach the doors of Kadiri Sufi saint Hazarat Shah Kadiri (Arai by caste).

The members of the family of Bulleshah were very much depressed to see that a member of the Saiyyad community whose ancestors had shown a new path to the whole populace, had now accepted a low-caste Arai Hazarat Inayatshah as his preceptor. The sisters and sisters in-laws of Bulleshah tried their best to prevent him from taking this step but Bulleshah was adamant and regarded Shah Inayat as his exclusive preceptor. Referring to the arguments between him and his family members he writes :

बुल्हे नूं समझावण आइयां
भैणा ते भरजाइयाँ
"मन्न लै बुल्लिआ साडा कहणा
छड़ दे पल्ला, राइयाँ।
आल नबी औलाद अली नूं
तूं क्यों लीकां लाइयाँ?"

(Sisters and sisters-in law of Bulleshah came to persuade him and said "Bulleshah, obey us and disassociate youself from Arai. You belong to the Nabi dynasty and are a descendent of Ali. So why do you become an object of criticism for this Arai.?")

But as Bulleshah had great regards for his preceptor, he totally discarded the feeling of caste and creed and replied—

जेहड़ा सानूं सैयद आखे
दोज़ख मिले सजाइयाँ
जो कोई सानूं, राई आखे
भिश्ती पींगा पाइया॥

"He who calls me a Saiyyad, will get punishment of hell and he who calls me an Arai will enjoy the pleasures of heaven."

Many hearsays are prevalent regarding the mutual relations of Bulleshah and his preceptor Shah Inayat. It is said that when Bulleshah went to the garden of Shah Inayat with an inquisitive mind, the mango-trees growing by the side of the road were heavily loaded with mangoes and nearby Shah Inayat was busy in planting the seedlings of onion. Shah Inayat was so engrossed in meditation that he did not know that somebody had arrived to meet him. On the other hand, Bulleshah wanted to make his arrival felt without uttering a word. Because of his previous spiritual background Bulle as soon as uttering the name of God, looked at the mangoes they began to fall on the ground abruptly and in abundance. When Shah Inayat turned back he instantly noticed a youth standing quietly and the mangoes falling. He asked, "Hay youngman! Why did you pluck the and the mangoes?" Bulleshah replied, 'O Saint, neither I climbed the trees nor hurled stones on the mangoes so how can I pluck them?" "O, you are a thief as well as clever" Shah Inayat said. Bulleshah immediately fell at the feet of the saint. The saint made an enquiry about his name and his mission. Bulleshah gave out his name and said that he wanted to realise God. The saint said, "Why are you falling down at my feet? Get up and look at me."

As soon as Bulleshah looked towards the saint he simply said; very

बुल्लिआ रब दा की पौणा।

एधरों पुटणा ते ओधर लाउणा।।

Realisation of God is as easy as uprooting a plant from one side and planting it in another. With these few and simple words the preceptor explained the essence of spirituality. Detaching the mind from the world and concentrating it on God, one can realise Him with blessings of his teacher. The brilliant pupil Bulleshah adopted his preceptor's preachings.

This small but meaningful event had a deep effect on Bulleshah. In the company of his preceptor and following his footprints, Bulleshah step by step rose up the ladder of spirituality.

Bulleshah treated his preceptor as his husband. There is also a hearsay in this connection. Once while passing through a lane he saw a newly married woman getting her hair combed. Bulleshah stopped at that very place and asked the woman, "O beautiful woman! Why are you getting your hair combed?" She replied, 'I am doing this to attract the attention of my husband." Hearing this Bulleshah said," O damsel! please arrange my hair, I, too, have to please my husband." Bulleshah after getting his hair arranged departed in a light mood.

Sufi saints were experienced and had realised souls. They were against showy and superfluous religion. Bulleshah stressed 'Sufism and relied much on his experiences. He critisized such scholars as had only bookish knowledge. He often used to say 'इक अलिफ पढ़ो छुटकारा है' 'By chanting Allah's first letter Alif, one can get liberation'. He had the firm conviction that the *pandits* were mainly responsbile for the quarrels among different castes or communities. He said :

होर न सबमें गल्लड़िया

अल्ला अल्ला दी गल्ल,

कुछ रोला पाया आलमां

कुड़ा कागजां पाया झल्ल

'Other matters are unimportant, most important are those relating to God. Unnecessary noise is made by scholars and madness is spread by these pages of the scriptures.'

Bulleshah was more attached to his preceptor than to the scriptures. He was the greatest champion of the equality of all the religions as well as all human beings. He frankly said in his writings, "I am neither a Hindu nor a Muslim; neither a Momin nor a Kafir; neither a Sunni nor a Shia. I have adopted the path of *Sulahkul* (Unity of all religions)." He loved to live amidst the people instead of going to temples or mosques. He was averse to the religion which after organising takes the form of a community. He says :

धरमसाल फड़वाई बसदे ठाकुरद्वारे ढगा

विच मसीते रहेणा कुसीले आशिक रहण अलग्ग ॥

"In the inns (*dharmasālā*) live shopkeepers and in the temple (*thākurdwārās*) dwell imposters. In the mosques (*Masite*) live the undeserving. Those who love God live totally aloof from all these."

Like contemporary saints and preceptors Bulleshah also was strictly against religious hypocracy. He was against those who oppress the people in the name of religion; make false promises and worship just only for show. He expressed his views in strong words. Earning interest was anti-Islamic in his eyes. He openly said that interest-earners could not be true Muslims. In his opinion hypocrites and oppressors get pleasures neither in this world nor in the other. He boldly critisized the social evils. His Kafi also substantiates these statements—

तौबा मत कर यार कैसी तौबा है

नित पढ़ना ऐं इसतगफ़ार। कैसी तोबा है यह यार।

★ ★ ★

मूंहों तौबा दिलों न करदा

इस तौबा दी तरक न करदा

किस गफ्लत ने पाइओ परदा

तैनूं बख़्शै क्यों गफ्फार।

सांवी दे के लवें सवाई

डिओढ़ियां तक बाजी लाई

मुसलमानी ओह कित्तथों आई

जिसदा होवे इह शिकार।

"Dear, do not pray, what is the use of such prayer? You repreat daily many a time *Istgafar*, but what is the result? You offer prayers only by lips not by heart. Inspite of repeated prayers you do not forget the forgettable. What a negligence is embedded in your heart? How can the merciful God forgive you? One who recovers 1.25 times of the given amount and has an eye on realising 1.50 times, how can he be a true Muslim?"

Humbleness in praying to God and openness in friendship are the two characteristics which run parallel in the writings of Bulleshah.

A special characteristic of the writing of Bulleshah is love of God to the extent of madness. Though all the Sufi saints are lovers of God. Bulleshah reached the stage of *Hal.* He danced in rapture and sang totally forgetting his ownself.

Bulleshah always lived in the state of self-forgetfulness. He says that the world is a dream and the life herein is a long separation from God. The elements of illusion are thieves and dacoits who rob our treasure daily. He says—

अंदर ख्वाब विछोड़ा होया

खबर न पैंदी तेरी

सुञ्जी बन विच लुट्टी साइयां

चोर-रांग ने घेरी

'In dream we are separated from each other, I do not know where you are. My Lord, I am alone in the forest and am being plundered. Thieves and robbers have surrounded me.'

His love for God reached to the extent of oneness. Unity and oneness are the true values of his life and writings. Some examples substantiate this :

सब इक्को रंग कपाई दा

★ ★ ★

रूड़ी उत्ते गद्दों चारे

ओह भी वागी गाई दा।

"The cloths of every colour are made of the same cotton. The one grazing the asses on a heap of debris is in no way different from the one grazing the cows; as both originate from God."

कहुं बैर पड़ा कहुं बेली है

कहुं मजनूं है कहुं लेली है

कहुं आप गुरू कहुं चेली है

आप आपका पंथ बताया है।

"God sometimes himself expresses enmity and at others becomes friendly. Sometimes he appears like *Majanū* and sometimes like *Lailā*. He himself is the teacher and also the taught. He himself introduces one to his path.'

He is so thrilled that sometimes it becomes very difficult to assess whether Bulleshah is showing his affection towards God or a person. He sometimes enters into the world of pure beauty. His extreme love may be seen in the following lines of a poem composed by him :

अद्धी रात लटकदे तारे

इक लटके इक लटकणहारे

मैं उठ लाई नदी किनारे

पार लंघण नूं खडी आं।

"It is midnight. Stars are shining. Some are shining and some are ready to shine. I have come to the bank of a river and am waiting for going across the river."

In the eyes of Bulleshah humbleness is the main base of love. He is very bold in his statements. He treats all the worldly things as composed of mud and cautions the people that all that glitters in the world is very short-lived.

Bulleshah wrote in pure Punjabi language. His Punjabi is the language of the general people. It reflects that Bulleshah always addressed to the simple-hearted general people. So in his writings there is a criticism of knowledge and bookish culture. This is the reason of his opposition to the religious leaders like *mullās* and *paṇḍits*.

Bulleshah has expressed his thoughts and emotions in the form of *Kafis*, poems, very similar to the *padas* of the devotees. Its language is very simple and plain and easy to understand by the general public. Bulleshah was so close to the heart of people that they adopted his writings treating it as their own. They sing the *Kafis* of Bulleshah as if they themselves are the composers thereof. Bulleshah himself was an institution, who wrote for the world, sung in the worldly style for the world and at last his writings and songs were acclaimed widely. His writings in rustic language became popular day by day. Simplicity and deep emotions are the main qualities of his writings. In his writings some impact of Hindi is also visible. For example—

अब लगन लगी किह करिये
ना जा सकिये ना मरिये।
तुम सुनो हमारे बैना
मोहे रात-दिने नहिं चैना
हुण पी बिन पलक न सरिये।

'What can be done now since devotion has arisen. I can neither live nor die. You listen to my words, I am impatient day and night. I cannot even wink without my beloved.'

Bulleshah's listeners were not limited to any particular sect. So in his writings there are described both worlaly love affairs like those of Jakariya, Mansur, Yusuf-Zulekha, Majanū-Laila etc. and pure Indian themes, like (true preacher) Satguru, *Anhad* (trance), *Shyam* (Krishna) etc. He like Mansur is inclined to say *Analhak* (I am God) and like a *gopi* is eager to listen to the flute of Krishna.

Thus, Bulleshah with his deep understanding has in his writings put the keys of life's secrets. He was really the embodiment of Hindu-Muslim and Sikh unity. Sufism is a special kind of magic, a rare kind of magic. It can be transferred only from person to person, not from a book. It cannot be transferred by scriptures. Sufis have a special word for it, *silsilā* which means transfer from one heart to another heart, from one person to another person. It is highly personal religion. Where scriptures miss it succeeds; where the arrows of big theories don't reach the target, small stories penetrate into the heart.

References

Arberry, A. J. *An Introduction to the History of Sufism.* George Allen & Unwin Ltd., London.

Khan, Hazarat Inayat, *The Sufi Message*, (The Alchemy of Happiness) International Headquarter of the Sufi Movement, London.

Mir, Valliuddin, *Quranic Sufism,* Moti Lal Banarasidas, Delhi.

Mohammed Ali, *The Delhi Religion of Islam,* Ahmodiyyh Anjuman, Lahore.

Mohammed, Yasin, *A Social History of Islamic Culture,* Upper Indian Publishing House, Lucknow.

Nicholson, R.A. *The Idea of Personality in Sufism,* Cambridge University Press, London.

Oman Campbell, J. *The Mystic Ascetics and Saints of India,* Cambridge University Press, London.

Rice, Cyprian, *Persian Sufis,* George Allen & Unwin Ltd., London.

Smith Margaret, *Sufi Path of Love,* Luzic & Co., London.

Subhan, J.A. *Sufism, Its Saints and Shrines,* Lucknow Publishing House, Lucknow.

Zachner, R.C., *Hindu and Muslim Mysticism,* The Aohlone Press, London.

Philosophy of Mahaveer

19

R.M. Das

Mahaveer is one of the greatest apostles of peace in the world. In the history of the world, he is a single glaring example who propagated and practised the principles of peaceful co-existence which are absolutely needed in the contemporary human society.

The light of the truth that Mahaveer got cannot be described in words. Attainment of the truth was his own but knowledge and verbal symbols of ours are limited and incomplete. So through them it is not possible to fully know his divine experience and attainments. Āchārya Siddhasena Diwakar has aptly said, "As an innocent child spreading his tiny hands indicates the expanse of the ocean similarly a devotee through his petty knowledge and limited words makes an estimate of the infinite ocean of the Lord's knowledge and glory." Notwithstanding, something has to be said.

Mahaveer was a great *sādhaka* of his age. He was not a born *siddha* but had became so by means of his own *sādhanā*. His footprints marked on the path of *sādhanā* can be seen in ancient, religious books. His attainment was virtually great and self-earned, neither procured through any body's blessings nor by way of alms. A thing given or taken is not complete. Only that is complete as is self-achieved. Mahaveer's attainment was complete and filled with unbroken and infinite bliss and knowledge.

Fragrance of a flower and the light of a lamp pervade all around by themselves without any external help. They need no preparation, no advertisement, no propaganda, no hue and cry. Their expanse is effortless and innate. Similarly Mahaveer's post-*sādhanā* philosophy spread in the direction of public welfare. In it there was no insistence, no command, no ego all was spontaneous and innate. Speed created by push diminishes after covering some distance but the innate currrent of knowledge that flows unobstructed never stops. Similarly Mahaveer's philosophy has been guiding from his time to the present day, crores of people in the direction of developing their life.

Mahaveer throws light on all the aspects of life. He imparted the vision of knowledge not only about the minutest element of man but also about the vast and pervasive elements of the universe. Aim of his teaching was not to cut off the man from the society and prepare him for any ultra-mundane happiness. His teaching was to awaken the human soul, the sleeping divinity and fulfil it with dignity his entire worthwhile responsibilities. He through his powerful revolution broke, the traditionally coming down social and religious rules and regulations and the old values which had become not only useless but also harmful and established values that were useful for the contemporary humanity. He did not oppose and destroy the traditional virtues and useful systems of his time. Virtually his attack was neither on the old nor on the new but on falsehood and useless things, whether old or new.

The truth has two forms : eternal and temporal. Eternal truth is without beginning and end. It undergoes no change at all. Changes take place only in the temporal truth which is enclosed within the periphery of old and new Truth of a particular time getting old and useless becomes untruth at another time. Great men demolish this very temporal truth and establish such truth as suits the age. Regional truth, the truth of a particular country, region or place also is temporal truth. It loses its value in another country, region or place and becomes untruth in the changed circumstances. So great men recommend changes in the temporal truth according to the need of time, country, region or place. Mahaveer introduces changes in temporal truth, not in the eternal truth. In respect of temporal truth also, he demolished only its such parts as had become useless; and in their place established new and time suited, temporal truth. Great souls do not carry on the dead truth but bury it and in its place install living truth. Mahaveer installed the living and useful truth.

In his philosophy man is greater than gods. He was not a theocrat but a humanist. He held that a man who sincerely follows the path of virtue, conquers his inner perversions and awakens the sleeping divinity, becomes adorable even by gods. Man is not to bend his head at the feet of gods, rather gods are to bend their heads at man's feet, the only condition is that man purifies his life, for a man in whose life divine light of non-violence, control and penance is ignited even the magnificence of heaven is insignificent; gods bend their heads in reverence at his sacred feet.

This was not only an ideal but a veritable truth. Once Indra by display of his divine prosperity decided to insult King Dasharnabhadra, a devotee of Lord Mahaveer. The King got perplexed. Then Mahaveer said to him. 'Dasharna! What are you thinking? You are greater than gods, recognize your internal power. Indra cannot do what you can. Renunciation can never be defeated by enjoyment." Dasharna immediately renounced the royal prosperity and turned mendicant. In every particle of his life, light of asceticism was kindled Indra by his physical wealth could not compete with his spiritual glory born of renunciation. With heart full of devotion he bent his head at the feet of the royal sage and accepted his own defeat.

Mahaveer's epoch was that of deism. Contemporary public life was gripped by fears and allurements. Every where people to get protection from worries and calamities ran after gods. There were thousands of temples of *yakṣasas, bhūtas* and *rākṣasas.* Aggrieved people to please them performed sacrifices, offered oblations, counted beads and undertook pilgrimages. In the name of peace-giving rites (*Śānti-Karma*) even human beings were burnt up in fire.

In man there existed false notions in respect of procuring prosperity. He forgetting his own strength, begged alms of prosperity from gods. He begged wealth from Lakṣami and Rubera; royal power from Indra, Brahmā and Viṣṇu; wisdom from Sarasvatī and Gaṇeśa and son from this or that god. For warding off diseases, for destroying enemies, for getting respect and honour and for such other things sought help from gods; man in himself had remained nothing. He in a way had become a puppet in the hands of gods. He thought that he was inferior, destitute indigent lowly and helpless; he could do nothing, only gods could do everything because they were all powerful and great.

Lord Mahaveer's philosophy was that man was not insignificant, lowly or helpless; he was a heap of infinite strength, imperishable stream of divine power; he was asleep so he was worried and disturbed, as soon as he gets up, each and every particle of wisdom, action and power in him shall get active, his action alone is God. Whatever he wants to get, he should get it through his own action. In human life there is nothing like 'give' and 'take'. Nothing results from begging, everything results from one's own action. This awakens the desperate man and sets him to shape his future on the strength of his own effort.

Mahaveer's philosophy of action was virtually a strong battle-front against theism and deism. He said, "When every thing lies within your ownself then why to beg from others; take recourse to action; as you sow in the field of life, so you reap; he who sows the seed of good actions, reaps the good crop of auspiciousness, beautitude and happiness and who sows the seed of bad actions reaps the crop of sorrow, torture and pain; neither God nor anyone else can rescue him from the results of his actions."

The limits of morality and good actions that had been slackened in the name of theism and deism were strengthened again by Mahaveer's philosophy of action. In society impetus for good action was revived arousing man's faith in respect of his own actions. We get neither virtue from others' virtuous acts nor sin from his sinful actions. This philosophy steadied man's declining moral faith and fixed his actions within the limits of good behaviour.

Hearing the message of Mahaveer thousands of people were awakened and learnt to shape their destiny themselves and shattered the fetters of slavery to fabricated gods, coming down since long.

Mahaveer once said, 'Material prosperity may be for our enjoyment but is not conducive to our greatness which does not lie so much in material attainments, as in spiritual one. It is the spiritual development alone that makes a man god of gods."

Mahaveer categorically proclaimed that only man, not gods can perform *Sādhanā* of restraint and from the point of view of spiritual development man is superior to gods; even animals are greater than gods. Gods can reach only upto the fourth stage of spiritual development *(guṇasthāna)* while animals can reach up to the fifth stage. Man crossing all the stages of spirituality can reach from the simple soul to Supreme Soul. In the philosophy of Mahaveer, even God himself is nothing but man's highest spiritually developed form.

Human beings have not been so much misled on any other front as that of God. Religions accepting God as the supreme and sovereign power say, "From time inmemorial God has been the single supreme power. He does what he wants. He can make impossible possible and *vice-versa.* He can even divert the course of action in an opposite direction." A theist has said, "God is capable of doing, undoing and doing otherwise. God is the creator as well as the destroyer of the world. Limitless are his wonderful performances; without his will even a leaf cannot move".

The above concept of God's power has crippled the man and made him imbecile. He is ever afraid of God, To save him, from his wrath, he performs many curious-rites, recites hymns of praise, performs sacrifices and immolates dumb animals. He thinks that by doing such things God will be pleased and pardon him for his faults. This attitude of man does not check him from committing sins, rather it makes him lazy and sychophant. For the fulfilment of his daily needs also man does not make efforts himself. He thinks that if God is pleased, then he can get everything.

On this point Mahaveer presents a new insight. He says, "In the world you alone are supreme; backwardness is the result of your own ignorance. You are not the creation of God but God is your creation, God is nothing but the highest development of man's consciousness. Whosoever frees himself from perversions, becomes God. Every soul has potentiality to became God, only its realisation is needed."

Fettered consciousness is the victim of inner weaknesses. So it obeys the orders of perversions arising in the sea of mind and follows the path indicated by them and getting a few mental and physical facilities remains satisfed. But when there is change in the internal state of consciousness it inclines upward; then all the attachment and malice come to an end and a perpetual current of bliss starts flowing. Thus consciousness is metamorphosed and infinite knowledge (*prajñā*) emerges. Not being influenced by attachment or malice is in itself change of consciousness, but *Prajñā* which turns man into *jina* or God. This process of metamorphosis is successive. In proportion to lessening of contact of consciousness with attachment and malice and the emergence of knowledge of difference between inert and conscious gets deeper, then experience of the supreme becomes obvious. To this process of development Mahaveer gives the name of *guṇa sthana.* The pure, the purer, and the purest state of the soul is the ascending path called *guṇasthāna.*

During the process of the soul becoming the Supreme Soul, the latter is only the onlooker of the Universal Nature, not its creator. Universal Nature consists of two elements—inert and conscious. Both of them have the power of creation and to ever move from *svabhāva* (innerself), *vighāva* (outerself) and *vice-versa*. Power of creation based on external cause is *vibhāva* and the spontaneous power of creation is *savbhāva.* When the conscious adopts the form of supreme conscious there remains no trace of external cause and the 'self' fully merges itself into 'ownself'. This is the final stage of complete return of the conscious from *vibhava* to *svabhāva* and this very state is the Supreme Being *i.e.* God. Thus Mahaveer by his divine message installs man, wandering in the dark alleys of the world on the throne of God. Mahaveer does not deny the existence of God but accepts his existence in each and every living being.

In Mahaveer's view human race is an undivided social group; there is no difference among the *brahmana, kṣatriya, vaisya* and *sudra.* All men are born in the same way and their bodies also are similar. No man is high or low. Regarding one as holy and other as unholy is to insult humanity.

Mahaveer says that in ancient initial epoch, all men, were equal, nome was a *brāhmaṇa*, a *kṣatrīya,* a *vaisya* or a *śūdra.* Later on when the epoch of action began then on the basis of the duties assigned to them, *brāhamaṇas, ksatriyas* etc. came into being. The division was based on action. In it there existed no idea of high or low, pure or impure. Later on when the frantic dance of the idea of pure and impure and high and low factorised the human society, then the human group designated as *śūdra* became the victim of inhuman atrocities.

Action done for the fulfilment of personal or social need does not indicate doer's highness or lowness, purity or impurity. A man undertaking the work of teaching and the other man the work of cleaning the town, both are equal. An action useful in the advancement of social welfare is pure and an action making no such contribution is impure. The external form of an action is neither pure nor impure. Its purity and impurity depend on the internal thought of the doer. Mahaveer regards all the actions of social development as pure. In his eyes man is not impure but his evil or immoral actions are impure, it does not matter whether it has been done by a *brāhmaṇa* or a *sūdra.* He upholds human dignity and wants to see man installed as man. Mahaveer who sees the existence of one soul *(ego āyā)* in all the living beings and proclaims that all the conscious elements of the universe are identical, can on no account accept the false concept of touchable or untouchable high or low, pure or impure in respect of human beings.

Thus the philosophy of Mahaveer can be summed up as follows :

(a) Our enemies are within us, not without

(b) Conquest of petty self is real conquest.

(c) Absolutism is false, relativity is true.

(d) Violence and lust solve no problem.

(e) *Ahimsā* and *aparigraha* are the real solutions of the problems of man.

(f) War against internal impurities must be won with the weapon of renunciation.

(g) Human race is one, there is no question of pure or impure, high or low.

(h) There no exists all powerful God; every individual soul when purified, becomes God.

(i) Man is superiour to gods.

(j) Men and women are equal.

Glossary

Achyuti : Fixed
Ahimsā : Non-violence
Anekānta : Non-absolutism
Anaānta : non-violence
Apriti : non-affection

Basadi : temple
Bhakti, Jñāna or Karma : devotion, knowledge or action
Bhaktimārga : Path of Devotion
Bhāva/bhāva-Karma : action of feeling
Bhāvachitta : feeling of doing
Bidhāna : rites
Brahmacharya : celebacy

Chitta : mind
Chittavṛtti : moods

Danaveer : a great donor
Deva : god
Dhammanurāgi : love for religions
Dharma : religion
Dravidasanha : sect
Dravyakarma : action

Gacchha : sect
Gana : sect
Gandha : smell
Gathāpatis : rich person
Gaṇadhara : disciple
Ghatākāśa : space in pot

Hiraṇṇa : Gold Coins

Jiva : Being

Karma : Action
Karma Pudgals : atoms of action
Karma-phala : fruit of action
Karma-śrota : flow of action
Karmamārga : path of action
Karmavāda : theory of action
Karmic : bodily
Karuṇa : compassion
Kaṣāya : passion
Kevalajñāna : absolute knowledge
Krtakṅ tat-tat anityṅ : What ever is done is temporal
Kāladṛara : element of time

Lokasaṅgyā : folk mood

Mahāvrata : great vow
Maithuna : coitus
Maya : delusion
Moha : infatuation
Mohajanya karma : action born of infatuation
Mukti : salvation
Muni : an ascetic

Pantha : sect
Partigyraha : possession
Paryuśaṇa : purfication

Paudgalika : atom-born
Paudgulika : atomic
Pradoṣa : fasts
Pravṛtti : tendency
Priti : affection
Pudgals : atoms

Rasa : taste
Ratantrya : three jewels

Sampradāya : sect
Samskāras : initiation's
Sangha : sect
Saṁkara : mixed
Saṁsāra : world
Sarthvāhas : caravan-leaders
Sparśa : touch
Śreṣṭhis and vaniyās : money lenders

Sādhanā : observance / austerity
Sādhākhā : wayfarer on the path of austerity
Sāṁjñā : mood
śramana : Ascetic

Tirtha : shrine / holy place
Trithankar : tirthankar

Upāśraya : convent

Varṇa : color
Vasanā : propensity/desire
Vijātiya : foreign
Virya : strength

Yajña : sacrifices
Yātris : pilgrims

Index